JN414434

한 Ex-Communist의 책과 세상 읽기

유령과의 역사투쟁

한 Ex-Communist의 책과 세상 읽기

유령과의 역사투쟁

초판 2쇄 인쇄 2020년 2월 1일
초판 2쇄 발행 2020년 2월 6일

지 은 이 | 황 성 준
펴 낸 이 | 김 범 수
펴 낸 곳 | (주)미래한국미디어
인　　쇄 | (주)북랩
출판등록 | 제 406-2012-000091호
주　　소 | 경기도 용인시 기흥구 용구대로 2563
홈페이지 | www.futurekorea.co.kr
전화번호 | (031) 276-2563
팩　　스 | (031) 272-7182

ISBN 978-89-954169-3-8 03300

이 책의 판권은 **(주)미래한국미디어**에 있습니다.
내용의 일부와 전부를 무단 전재하거나 복제를 금합니다.

한 Ex-Communist의 책과 세상 읽기

유령과의 역사투쟁

황성준 지음

나는 20대 청년시절에는 대한민국을 저주하는 사람 중 한 명이었다. 당시 나는 "대한민국은 태어나지 않았어야 할 국가"이고, "정의가 패배하고 기회주의가 득세한 역사"라고 믿었다. 그리고 이러한 사고가 바뀌는데 오랜 시간이 걸렸다. … 소련 사회주의가 붕괴되는 모습을 현장에서 직접 체험하면서도, 눈에 보이는 현실을 애써 부인하려고 얼마나 몸부림쳤던가? 인지부조화의 고통 속에서, 이를 해소하고자, 이른바 마르크스-레닌주의 고전에 매달려 보기도 했다. 그러나 "모든 이론은 회색이요, 푸르른 것은 생명의 나무"였다. 결국 준비했던 박사학위 논문 초고를 '페치카' 속에 넣어 버리고, 화약과 피 냄새로 가득 찬 분쟁지역의 현장으로 뛰어들었다.

미래한국미디어

서문(序文)을 대신하여

이 책은 2011년 6월부터 2012년 9월까지 시사 격주간지 〈미래한국〉에 '황성준의 Book & World'라는 제호 하에 연재됐던 글을 모은 책이다. 작년 김범수 미래한국 사장이 고정칼럼을 연재해 줄 것을 부탁했을 때만 하더라도, 이같이 책으로 엮여 나오리라고는 생각하지 못했다. 아니 기대하지 않았다는 것이 더 정확한 표현일 것이다. 그러나 미래한국 편집부 도움 덕분에 책으로 나오게 됐다.

나는 스스로를 '행운아'라고 생각한다. 첫째, 훌륭한 조부모님과 부모님 밑에 태어나, 평균은 넘는(?) 두뇌와 건강을 가질 수 있었을 뿐만 아니라, 훌륭한 교육을 받을 수 있었다. 둘째, 다양한 경험을 할 수 있었다. 수많은 외국, 특히 보통 사람들이 가보기 힘든 아프가니스탄, 체첸과 같은 지역을 가 볼 수 있었을 뿐만 아니라, 정말 다양한 일을 해보았다. 혁명가, 기자, 비즈니스맨, 교수는 물론, 영화배우도 해보았다.

셋째, 아직까지도 몸 다치지 않고(비록 데모 중 왼쪽 눈은 잃었지만), 건강하게 살아있다는 사실 자체가 축복이라고 느낀다. 넷째, 무엇보다도 감사한 것은 이상형의 여자를 만나 결혼해서 잘 살고 있다는 사실이다. 또 '험난한 환경'에도 불구, 잘 자라, 이제는 나의 토론 상대가 되고 있는 딸아이도 감사의 대상이다. 이러한 행운들에 마지막 한 가지 더 덧붙일 게 있다. 대한민국에 태어났다는 자체가 '신의 가호'였다는 것이다.

살육과 분쟁, 그리고 가난으로 얼룩진 지역들을 돌아다니며, 대한민국이 얼마나 소중한 존재였는가를 깨달았다. 아니 멀리 갈 필요도 없다. 북쪽으로 조금 더 올라간 곳에 태어났더라면… 상상하기도 싫다.

그러나 나는 20대 청년시절에는 대한민국을 저주하는 사람 중 한 명이었다. 당시 나는 "대한민국은 태어나지 않았어야 할 국가"이고, "정의가 패배하고 기회주의가 득세한 역사"라고 믿었다. 그리고 이러한 사고가 바뀌는데 정말 오랜 시간이 걸렸다. 지금 생각해 보면, 한심하게도 느껴지지만, 그 당시 정말 심각하게 고민했다. 소련 사회주의가 붕괴되는 모습을 현장에서 직접 체험하면서도, 눈에 보이는 현실을 애써 부인하려고 얼마나 몸부림쳤던가? 인지부조화(認知不調和)의 고통 속에서, 이를 해소하고자, 이른바 마르크스-레닌주의 고전에 매달려 보기도 했다. 그러나 "모든 이론은 회색이요, 푸르른 것은 생명의 나무"였다. 결국 준비했던 박사학위 논문 초고를 '페치카' 속에 넣어 버리고, 화약과 피 냄새로 가득 찬 분쟁지역의 현장으로 뛰어들었다. (나를 '박사' 라 부르는 사람들이 있는데, 이는 덕담 내지는 별명이다. 인생을 살아오면서 유감은 많아도, 후회는 별로 없는 편인데, 이때 논문을 태워버린 '만용' 은 약간 후회하고 있다. 그리고 분쟁지역 취재는 생존을 위해 돈을 벌기 위해서였다.)

분쟁지역에서의 경험은 정말 많은 것을 깨닫게 해 주었다. 인간 본성에 대해 심각하게 고민하는 계기를 마련해 주었으며, 그 덕분에 다시 '신과의 만남'이 이뤄졌다. 나는 웬만한 일에 실망하지 않는다. 그것은 내가 낙관주의자이기 때문이 아니라, 지독한 비관주의자이기 때문이다. 워낙 애초에 비관적이기 때문에, 실망할 일도 좌절할 일도 적은 것이다. 누군가가 말했던 것 같다. "진정한 비관주의자가 낙관적이고, 오히려 진정한 낙관주의자는 비관적이다"라고. 또 감사는 비교에서 나온다. 비교하지 않으면, 감사도 비판도 나올 수 없다. 비교하지 않고, '우리 것'을 '우리 식'으로만 바라본다면, 북한식의 '무비판적 낙원'과 대한민국식의 '악무한적 자기 경멸'이 나올 수밖에 없다.

각설하고, 역사(history)는 연대기(chronicle)가 아니다. 역사는 '그의(his) 이야기(story)'이다. '스토리'는 있었던 일의 단순한 나열이 아니다. 스토리에는 기승전결과 같은 전개과정이 있으며, 이야기의 흐름과 주제가 있다. 그리고 대개의 경우, 그 전개와 흐름은 갈등과 모순을 주요 축으로 전개된다. 또 한 가지 중요한 사실은 역사는 '역사의식'과 분리될 수 없다는 것이다. "역사를 어떻게 바라보느냐" 그 자체가 역사의 주요 구성요인이 된다는 것이다. 대한민국은 엄청난 발전을 이룩했다. 한마디로 '기적'이다. 이러한 사실은 대한민국 영토 밖을 나가, 다른 나라 사람들과 대화해 보고, 외국에서 바라보면 쉽게 인식할 수 있다. 그러나 이러한 발전에도 불구하고, 즉 '현실'에서의 승리에도 불구하고, '역사투쟁', 더 정확히 말하자면 '역사의식투쟁'에서는 패배하고 있는 것이 대한민국의 또 다른 '현실'이다.

이러한 두 가지 '현실'의 공존으로, 대한민국 전체가 인지부조화에 휩싸여 있다. 이러한 인지부조화가 계속된다면, 도달할 곳은 정신분열이다. 아니 이미 그러한 증세가 나타나고 있다. 옛날 사람들은 정신분열 환자가 발생하면, 악령이 든 탓이라고 생각했다. 비과학적으로 들릴지 모르지만, 어떻게 보면 오랜 삶의 경험 속에 축적된 지혜에서 나온 진리의 포착인지도 모르겠다. 하여간 지금 대한민국의 인지부조화는 이미 오래전에 사라져야 했을 '유령'들, 혹은 그 유령의 영매(靈媒)가 되어 있는 자들에 의해 진행되고 있다. 바로 이렇기에 '유령과의 역사투쟁'은 더 이상 피할 수 없는 전투가 되고 있다.

잡문을 엮으면서 너무 거창한 이야기를 전개한 것 같다. 아무튼 이 글들이 유령과의 역사투쟁, 아니 그 투쟁에 나서는 그 누군가에 조그만 도움 혹은 위안이 됐으면 한다. 그리고 마지막으로 이 책이 나오도록 도와주신 분들에게 다시 고마움을 표시하고자 한다. 너무 많아 일일이 열거할 수 없어, 몇 분만 언급하고자 한다. 우선 이 글을 출판해 주신 김범수 사장께 감사드린다. 그리고 나의 '영원한 선배'로서 많은 조언을 아끼지 않은 이강호 한국국가전략포럼 연구위원과 지루한 교정 작업을 도와주신 신경수 지식나눔 사무국장에게 감사드린다.

2012년 9월16일

서울 사당동 자택에서

유령과의 역사투쟁

한 Ex-Communist의 책과 세상 읽기

Contents

유령과의 역사투쟁

한 Ex-Communist의 책과 세상 읽기

Contents

397호 2011.6.20~7.3

젊은이들의 두뇌와 심장을 되찾아오자!

킴 필립스 - 페인의 **〈보이지 않는 손들(Invisible Hands)〉**을 읽고

"Freedom is not free"(자유는 공짜가 아니다)라는 말만큼 대한민국 보수우파가 좋아하는 말도 드물 것이다. 그러나 정작 이 말을 실천하고 있는 사람은 그리 많아 보이지 않는다.(이 순간에도 온 몸을 바쳐 헌신하는 사람들도 있지만…)

최근 보수우파 모임에 나가면, MB와 한나라당 비판이 넘쳐난다. 아니, 이제 대한민국 보수우파는 反한나라당이 된 것 같은 분위기마저 느껴진다. 이러한 분위기를 이해 못하는 것은 아니나, 어찌 보면 상대의 감정과는 무관하게 우리 스스로가 '배신감'을 느끼고 있는 것 같아 서글퍼진다.

사실 감정의 문제는 그리 중요한 문제가 아닐 것이다. 진짜 문제는 현재 노정되고 있는 '보수우파 위기'에 대해 정확히 진단하고, 이에 대한 올바른 대책을 강구하지 못하고 있다는 점에 있다.

현재 우리 보수우파의 문제점은 단순히 MB의 '실용주의' 노선이나 한나라당의 기회주의 노선에 있는 것이 아니다. 사실 MB의 실용주의나 한나라당의 기회주의는 보수우파 위기의 '원인'이라기보다는 '결과'에 가깝다. 즉 보수우파가 MB나 한나라당을 견인할 동력을 상실하고 있었던 것이다.

현 보수우파 위기의 본질은 문화적, 이데올로기적 헤게모니를 좌파진영에 빼앗기고 있다는 점에 있다. 인정하기 싫지만, 불행하게도 우리 보수우파 진영은 오래 전에 문화적, 이데올로기적 헤게모니를 좌파에 빼앗겼다. 특히 젊은이들의 '두뇌'와 '심장'을 사로잡는 데 보수우파는 실패했던 것이다.

이러한 사실은 대학가에서 진행되는 사회과학 강의 내용과 대형 서점에 진열돼 있는 인문 사회과학 서적들의 목록만 보아도 쉽게 알 수 있는 사실이다. 이러한 좌파의 문화적 이데올로기 전선에서의 승리는 하루아침에 이뤄진 것이 아니다. 오랜 시일에 걸쳐(최소한 1980년대 초부터) 끈질기게 벌여온 그들의 문화 사상 투쟁의 결과였던 것이다. 이 문제를 해결하지 않는다면 시간은 저들의 편이고 우리의 전략 전술은 제갈공명이 환생해서 세운다 하더라도 '임시방편적 땜질'에 불과한 것이 되고 말 것이다.

그럼 보수우파는 어떻게 젊은이들의 두뇌와 심장을 다시 되찾아올 수 있는가? 이 문제에 대한 답을 찾으려고 씨름하는 와중에, 한 권의 책이 눈에 띄었다. 킴 필립스-페인(Kim Phillips-Fein) 著, '보이지 않는 손들(Invisible Hands)' 이란 책이다. 이 책은 1930년대 루스벨트 대통령의 뉴딜정책으로 '파라다이스'(?)를 상실한 미국 시장 보수주의자들이 어떻게 1980년대 레이건 보수혁명을 이룩했는지에 대한 과정을 묘사하고 있다.

1930년대 뉴딜 이후 이른바 '리버럴 컨센서스'(liberal consensus)가 미국 정치를 지배하자 이에 절망한 보수주의자들은 "미국이 직면한 위기는 본질상 지적(intellectual), 아니 정신적(spiritual)"이라고 진단을 내리고, "이념 전투(the battle of ideas)"를 시작한다. 이들이 제일 먼저 손을 댄 것은 경제교육재단(the Foundation for Economic Education, FEE)과 같은 '이념 교육 기관'을 설립한 것이다.

흥미로운 사실은 이 운동의 주도자였던 리드(Read)도 레닌과 마찬가지로 '잘 훈련된 소수정예'를 강조했다는 점이다. 또 리드는 운동의 성공 여부는 '자유 시장(market)'에 달렸다고 역설했다. 즉 기부금 모금은 운동의 성과를 반영하는 것이며, 기부금 모금에 성공하지 못하는 운동은 존재할 가치가 없다는 것이었다. (우리는 항상 돈이 부족하다고 푸념하는데…)

또 '싱크 탱크' 설립 운동에도 박차가 가해진다. 바루디(Baroody)는 "좌익운동은 미국사회의 이른바 지식 부분의 독점에서 나온다. 좌익이 대학가를 장악하고 있다"고 평가하면서, '대안적 지적 저수지'(alternative intellectual reservoir)를 건설할 것을 주장한다. 이러한 노력으로 헤리티지, 미국기업연구소(AEI) 등과 같은 보수주의 싱크 탱크들이 속속 조직돼 '지적 고지'를 하나씩 탈환해 나간다.

1964년은 미국 보수주의 운동의 한 분수령이었다. 미국 보수주의 운동 진영은 베리 골드워터라는 보수주의 후보를 내세워 이른바 온건파 넬슨 록펠러 후보를 물리치고, 공화당 대통령 후보로 당선시킨다. 비록 본선에서 민주당에 완패당하지만, 골드워터의 등장은 미국 보수주의 운동을 대중화시키는 데 크게 기여한다. 레이건 대통령 자신이 바로 골드워터 운동원으로 시작해 정치에 입문했으며 바로 골드워터 시절의 청년 보수주의자들이 세운 정권이 레이건 정권이었던 것이다.

골드워터의 '한 보수주의자의 양심'(진짜 저자는 보수주의 운동 이론가였던 브렌트 보젤이었다!)은 당시 청년 보수주의자들에게 모택동의 홍위병에게 모택동 어록집이 했던 역할과 유사한 역할을 했다. 이 소책자를 손에 들고 열광하는 젊은이들의 모습에 놀란 당시 공화당 주류파는 이들을 '극단주의자'라고 비판하기도 했다. 이에 대한 골드워터의 답변은 통쾌했다. "자유를 수호하는 데 있어서 극단주의는 악이 아니고, 정의를 추구하는 데 있어서 온건한 것은 덕이 아니다."

미국 보수주의 운동에서 빼놓을 수 없는 인물이 한 명 더 있다. 루이스 파웰(Lewis Powell)이다. 그는 1971년 '파웰 메모'라 불리는 '자유기업체제에 대한 공격'이란 소책자를 써서, 미국 기업인들에게 돌렸다. 미국 대학가를 중심으로 퍼진 反자본주의 정서를 구체적으로 파헤친 책자이다. 이 책자는 미국 주류사회에 경종을 울렸으며, '이념 전쟁'의 필요성을 부각시켰다.(파웰 메모를 읽어보면, 어떻게 우리 상황과 그리도 유사한지!)

사실 이 책의 저자의 코멘트는 마음에 안 든다. 저자는 리버럴 입장에서 보수주의 운동을 바라보고 있다. 그러나 그렇기에 객관적인 측면도 있다. 어쨌든 우리는 현재 어느 단계에 있는가? '레이건'을 기대해야 하는가 아니면 '골드워터'를 기대해야 하는가? 좌우간 소수라도 '아이디어 전투'를 지금 당장 수행해야 할 것이다.

398호 2011.7.4~7.17

'현실투쟁'에서 패배한 유령들과 '역사투쟁'을 시작하면서

폴 존슨의 **〈모던 타임스(Modern Times)〉를** 읽고

국사 교과서에 대한 관심이 높아지고 있다. 최근 국사를 필수과목으로 만들겠다는 정부 발표가 나오면서 더욱 그러하다.

사실 한 국가가 자신의 역사를 필수과목이 아닌 선택과목으로 만들었다는 것 자체가 국가로서의 기능을 포기하고 '협회' 수준으로 전락했다는 것을 의미하는 것일는지도 모르겠다. 보다 심각한 것은 국사의 필수과목화에 '두려움'을 느끼고 있는 것이 우리 보수우파진영이라는 비참한 사실이다.

국사 과목의 필수화가 꺼림칙한 이유

인정하기 싫지만 현재 국사, 특히 근현대사는 좌파진영에 거의 장악돼 있다. 따라서 현행 교과서와 현재의 교사진을 그대로 둔 채

국사를 필수과목으로 만든다는 것은 좌익진영의 이념적 헤게모니를 강화시키는 역할만 할 가능성이 높다.

우리는 젊은 층의 문화적 이데올로기적 헤게모니를 좌파진영에 빼앗겼다. 그나마 경제학을 비롯한 일부 분야에서 상당한 반격이 이뤄지고 있다. 자유기업원과 하이에크소사이어티 등의 맹활약으로 자유시장 이론이 나름대로 기반을 잡아가고 있다. 그러나 역사학 분야는 아직 그러하지 못하다.

많은 좌익 청년들의 심장을 사로잡고 있는 책 가운데 하나인 조정래의 '태백산맥' 끝부분을 보면 의미심장한 이야기가 나온다. 전멸 상태에 놓인 빨치산 잔당들은 '현실투쟁'에서 패배한 것을 인정한다. 그러나 이들은 투항하지 않는다. 이들은 투쟁방식을 전환시켜 끝까지 투쟁할 것을 다짐한다. 이제 '현실투쟁'은 '역사투쟁'으로 바뀌었다. 이 소설 책의 마지막 장면에서 마지막 빨치산 잔당들은 역사투쟁을 다짐하며 사라진다. 바로 이들의 완강한 역사투쟁의 결과물이 오늘날 문제의 역사 교과서의 모습으로 부활한 것이다.

'태백산맥'의 주인공 염상진은 보리고개를 넘기지 못하고 굶어죽는 농민들을 보면서 농민들이 '고기국에 쌀밥을 말아먹는 세상'을 만들기 위해 빨치산이 된다. 그리고 이들은 현실투쟁에서 패배해 역사의 뒤안길로 사라지는 듯했다. 아니 바로 염상진과 같은 '이상주의자'들이 건설한 국가가 있다. 바로 '조선민주주의 인민공화국'이다. 김일성도 말했다. "쌀이 공산주의다"라고. 그런데 염상진이나 김일성이 죽었다 깨어나도 이해할 수 없는 역사의 아이러니는 이들에 의해서가 아니라 이들이 볼 때 '친일파' 장교에 불과했던 박정희 대통령이 이들이 꿈꾸던 '고기국에 쌀밥을 말아먹는 지상낙원'을 건설했다는 역사적 사실이다.

태백산맥 염상진과 김일성의 꿈을 이룬 박정희

대한민국은 '현실투쟁'에서 승리했다. 춘궁기만 되면 아사자가 속출하던 세계 최고 빈국이었던 대한민국이 이제는 세계 12위 수준의 경제대국이 됐다. 아니 거창한 숫자를 나열할 필요도 없다. 못 먹어서가 아니라 너무 많이 먹어 문제가 되고 있는 나라가 현재의 대한민국이다.

그런데 문제가 있다. 현실이 이러함에도 불구하고 저들의 끈질긴 '역사투쟁'의 결과로 마치 대한민국은 '태어나서는 안 되는 나라'로 폄하하는 시각이 유령이 돼 우리 주변을 배회하고 있는 것이다.

얼마 전 나이 지긋한 한 독자로부터 "젊은이들의 두뇌와 심장을 되찾아 오기 위해서 어떤 운동을 해야 하는지 이야기해 달라"는 질문을 받았다. 이에 "너무 어렵게 생각하지 마시고 손주들에게 바로 '미래한국'을 구독시켜 주는 것 자체가 그러한 운동입니다"라고 대답했더니 "이미 그렇게 하고 있다"고 말씀했다. 그리고 "대학 다니는 손주놈과 말싸움을 하다가 서로가 권하는 책을 한 권씩 읽고 그 책에 대해서 토론하기로 합의했다"는 것이었다. "손주놈은 '태백산맥'을 선택했는데 나는 어떤 책을 선택해야 할지 모르겠다"는 이야기였다.

필자는 폴 존슨의 '모던 타임스'를 권했다. 한국사 책을 권했으면 했으나, 너무 난해하거나, 지나치게 학술적인 경우, 혹은 입장이 불분명한 경우가 대부분이었기 때문이다. 폴 존슨은 현대(Modern)의 개념을 '상대주의'가 지배하는 시대로 규정하고 있다. 그리고 이러한 '문화적 도덕적 상대주의'가 '전체주의적 유토피아주의'에 기반을 둔 '사회공학(social engineering)'을 낳았다는 것이다.

이러한 사회공학이 바로 나치즘과 공산주의이며 이러한 유토피아주의가 얼마나 큰 해악을 인류에게 끼쳤는지에 대해서 리얼하게 묘사하고 있다.

대한민국에 건설된 모택동-체게바라 실험장

또 저자가 '반둥 세대'(Bandung Generation)라 언명한 대목은 눈여겨볼 만하다. 우리는 아직까지도 이른바 '제3세계적 사고'에서 벗어나지 못하고 있는 경우가 많다. 이른바 제3세계의 모든 문제를 제국주의 탓으로 환원시켜버리는 너무나도 단순하고 속편한 자기 합리적 사고방식에 빠져 있었다.

그리고 이러한 운동의 지도자들에게 환호를 보내기도 했다. 한국 좌파의 대표 이데올로그 리영희는 모택동의 문화대혁명을 극찬했다. (리영희의 문화대혁명 찬양을 지금 중국인들에게 이야기하면 뭐라고 할까?) 그리고 지금도 체 게바라의 사진이 달린 T셔츠를 입고 서울 강남거리를 활보하는 젊은이들이 있다. 따분한(?) 현실에서 벗어나 스릴(?) 넘치는 게릴라 투쟁을 전개한 게바라가 멋있게 보일는지도 모르겠다.

그런데 중남미에서 두 번째로 잘 살던(첫 번째는 아르헨티나) 쿠바는 현재 중남미에서 가장 못사는 나라의 하나로 전락했다. 이러한 사회공학적 실험에서 '몰모트'로 전락한 '살아 있는 사람'들의 운명은 누가 책임질 것인가? 거듭 이야기하지만 염상진, 게바라, 모택동이 꿈꿨던(아니 내세웠던) 이상 사회는 이들의 '실험장'이 아닌 대한민국에서 건설됐다.

그런데도 염상진, 게바라 유령과 역사투쟁을 전개해야 하다니… 어쨌든 폴 존슨의 '모던 타임스'의 일독을 권한다. 특히 방학을 맞은 학생들에게 권해 주기를 바란다. 다행히 번역본도 나와 있다.

399호 2011.7.18~7.31

신당 운동에도 기업가 정신이 필요하다

몰튼 블랙웰의 〈보수주의 조직 사업가 (The Conservative Organizational Entrepreneur)〉를 읽고

'보수우파진영의 독자적 정치세력화'가 새로운 담론으로 떠오르고 있다. 한나라당의 계속되는 좌클릭과 무기력함은 보수우파진영을 실망시키고 있으며 이에 한나라당에 대한 '비판적 지지'를 철회해야 한다는 목소리가 확산되고 있다. 이러한 분위기 속에서 '독자정당 건설론'이 조심스럽게 대두되고 있는 것이다.

이러한 '독자정당론'은 대략 두 갈래 흐름으로 나타나고 있다. 첫 번째는 박세일 서울대 교수가 주도하고 있는 '선진통일연합'이다. 현재의 한나라당으로는 차기 대선 승리가 힘들며, 따라서 한나라당을 견제 혹은 견인하기 위해서라도 한나라당과 차별되는 별도의 중도보수 혹은 '선진화' 정당을 건설해야 한다는 주장이다. 즉 '대한민국 선진화를 염원하는 모든 세력'을 규합해 창당한 뒤, 내년 4월 총

선을 통해 원내교섭단체를 구성하고 대선에 독자후보를 출마시킨다는 것이다. 그리고 상황에 따라 한나라당과의 후보단일화를 통해, 대선 승리를 이끈다는 것이다.

엄청난 '그랜드 플랜'이 아닐 수 없다. 그러나 비판도 만만치 않다. 일단 이들에게는 분명한 보수적 가치와 이념이 없으며 이러한 세몰이는 대선 때마다 등장했던 '제3당 건설론'이나 이른바 '2군 결집론'의 재탕에 불과하게 될 것이라는 우려이다. 다시 말해, 진정한 '가치정당'이 되기보다는 기존 정당에서 공천을 받지 못한 정치 지망생들의 결집체로 전락할 수도 있다는 것이다.

보수우파 운동도 대중에 기반한 풀뿌리 조직 가능할까

또 다른 흐름은 조갑제 전 월간조선 대표 등 정통보수진영에서 주도하고 있다. 이른바 '한국판 독일 자민당' 론이다. 즉 보수우파의 기치를 선명하게 내건 가치정당을 만들어야 한다는 것이다. 지역구에서의 당선이 다소 어렵다 하더라도 비례대표 선거제도를 활용하면 원내 진출도 가능하다는 것이다.

만약 원내 교두보를 확보할 수 있다면 일당백의 보수우파 의원들이 한나라당을 견인할 수 있으며 더 나아가 독일의 자민당이 보여준 것처럼, 연정 파트너로서 집권 정당 역할도 할 수 있다는 주장이다.

이러한 논의는 강한 원칙론적 호소력을 가지고 있음에도 불구하고 명망가와 조직 그리고 자금의 부재로 인해 현실화에 어려움을 겪고 있다. 또 이러한 정치세력화를 추구하기 위해서는 중심 인사들이 진흙탕에 발을 디밀고 '망가지는' 수모를 당해야 하는데, 이러한 '고양이 목에 방울달기'에 적극적으로 나설 보수 인사가 얼마나 될지도 의문이다.

사실 가장 큰 문제는 '독자 정당'이나 '비판적 지지'가 아닌 것 같다. 현재 보수우파진영의 조직 상황은 열악하기 그지없다. 제대로 된 조직틀과 안정적 기금을 확보하고 있는 조직은 그야말로 손가락으로 꼽을 수 있을 정도이다. 대중에 뿌리내린 풀뿌리 조직은 좌파 조직에서나 가능한 것이지, 우파 조직에서는 태생적으로 불가능한 것 아니냐는 푸념마저 나오고 있는 실정이다. 보수우파진영의 독자적 대중조직들이 두 발로 견고히 서지 못하는 이상 모든 형태의 보수우파운동론은 공허한 이야기에 불과할 수 있다.

이런 측면에서 몰튼 블랙웰(Morton C. Blackwell)의 '보수주의 조직 사업가론(The Conservative Organizational Entrepreneur)'은 한번 귀를 기울여 볼 만한 이야기이다. 블랙웰은 '리더십 인스티튜트'라는 미국의 보수주의 운동 사관학교를 창립하고 운영하고 있는 미국 보수주의 운동의 대표적 '조직 사업가'이다. '리더십 인스티튜트'는 보수주의 이념과 철학을 가르치는 기존의 다른 보수주의 교육기관과는 달리, 이미 보수주의 이념으로 무장된 청년들이 '어떻게 승리하는가'를 배우는 전략 전술학교이다.

블랙웰은 이 소책자에서 다음과 같은 이야기로 시작한다. 1965년 블랙웰이 보수주의 운동을 막 시작했을 때 선배 운동가들이 보수주의 운동과 생계를 함께 해결할 방법은 없다고 충고했다는 것이다. 그러나 블랙웰은 이 주장이 다행히도 틀린 것으로 입증됐으며 운동과 생계를 훌륭하게 결합시킨 이른바 '조직 사업가'들이 미국에서 대량 배출됐다는 것이다. 헤리티지 재단의 에드윈 풀러, 자유의 회재단의 폴 웨이리치, 이글 포럼의 필리스 슈라플리, 다이렉트 메일(direct mail)의 전도사 리차드 비규어리 등이 대표적 인물들이다.

'조직 사업가'란 무엇인가? 기업문화가 발달한 미국식 개념으로, 조직운동에 기업 개념을 결합시킨 것이다. 즉 춥고 배고프더라도 대의를 위해 이 한 몸 바쳐 헌신하다는 '전근대적' 운동을 탈피하고 현대 기업의 조직 및 마케팅 개념을 도입해 운동과 생계를 함께 해결해 나가는 현대 시장경제적 조직가를 일컫는 말이다.

단순한 열혈 운동가가 아니라 냉철한 조직가가 필요

블랙웰은 이러한 '조직 사업'을 만들기 위해서는 첫째, 백화점식 운동조직이 아닌 특정 이슈에 집중하는 조직으로 조직돼야 한다고 주장한다.

둘째, 올바른 이념이 있다고 반드시 성공하는 것은 아니며, '성공적 마케팅 기법'을 적극 학습하고 도입해야 한다고 역설하고 있다. 셋째, 재정의 독립성이 그 무엇보다도 중요한데, 정부예산에 매달려서는 안 된다고 강조하고 있다. 이는 원칙에 어긋날 뿐만 아니라,

운동성 자체를 망가뜨린다는 것이다.

또 재정 확보 방법으로 '다이렉트 메일'을 적극 권장하고 있다. 돈 없어서 운동 못한다는 것은 잘못된 생각이며, 펀드레이징에 실패했다는 것 자체가 운동을 잘못하고 있는 것이라는 뼈아픈 이야기를 하고 있다. 운동의 성과 자체가 펀드레이징의 양으로 측정될 수 있다는 것이다. 자금 기부자와 조직 기업가의 관계를 소비자와 기업가의 관계로 설명하고 있는 것이다.

넷째, 조직 사업가는 단순한 열혈 운동가여서는 안 되며, 기업가가 갖는 냉철함과 치밀함으로 무장해야 하며, 일반 활동가들을 조직적 재정적으로 지원해 줄 수 있는 능력을 함양해야 한다고 말하고 있다. 물론 우리 실정과 맞지 않는 부분도 있다. 그러나 참조할 가치는 충분히 있다고 생각한다. 이 소책자는 시중에 없다. www.LeadershipInstitute.org 사이트에 들어가면 볼 수 있다. 참조할 다른 좋은 자료도 많다.

사회운동을 하려면 돈 모으는 법부터 배워라!

벤자민 하트의 〈**당신의 大義을 다이렉트 메일로 펀딩하라 (Fund your cause with Direct Mail)**〉를 읽고

"사회운동을 하려면 돈 모으는 법부터 배워야 합니다." 몰튼 블랙웰 미국 리더십인스티튜트 의장(지난호에 소개)은 초면인 필자에게 2006년 이렇게 이야기했다. 당황했다. 이념도 조직도 아닌 돈이라니! 보수주의 운동을 배우려고 먼 바다를 건너온 사람에게 돈 이야기부터 꺼내다니… 이러한 필자의 심정을 아는지 모르는지, 블랙웰은 필자가 배워야 할 첫 과정으로 '어떻게 펀드레이징을 하는가'라는 강의를 소개했다. 이 강의의 교재가 벤자민 하트의 '당신의 大義을 다이렉트 메일로 펀딩하라'(2005)였다.

미국 보수주의 운동이 강한 이유는 다이렉트 메일을 통해 연간 수백만 달러 이상을 모금하고 있는 수많은 풀뿌리 조직이 있기 때문이다. 미국 보수주의 조직들의 영향력이 강한 것은 단순히 거액

의 운동자금을 모금할 수 있기 때문이 아니라, 지갑을 꺼내 기부하는 수많은 지지자들이 있기 때문이다. 하트는 조직이 돈을 못 모으는 것은 그 조직의 大義가 대중의 공감을 얻지 못하는 것이거나, 조직가의 무능력 탓이라고 이야기한다. 심지어 펀딩을 할 수 없는 조직이라면 존재할 필요가 없는 조직이라는 극언마저 서슴지 않는다.

미국 사회운동의 모금 방식 변천사

그럼 수많은 모금방식 가운데 왜 다이렉트 메일 방식을 미국 보수주의 운동가들은 선호했는가? 미국 보수주의자들도 처음부터 이 방식을 사용한 것은 아니었다. 1950년대와 60년대 미국 보수주의자들의 기금 마련 방식은 현재 한국 보수주의 단체들의 방식과 유사했다. 뜻 있는 사람, 특히 기업가나 기업인 단체가 목돈을 헌금하는 방식이 1차적으로 사용됐고, 신문 광고를 통해, 운동의 대의를 알리는 동시에 자금을 마련하는 방식을 사용했다. 즉 신문광고를 통해 후원을 부탁하고, 이 후원금으로 다시 신문광고를 사는 방식으로 기금 마련과 선전전을 동시에 수행했던 것이다. 그러나 이 방식은 불특정 다수를 상대로 한 것으로 많은 한계를 노정시켰다.

그러다가 1970년대 미국 풀뿌리 보수주의 운동을 진전시킨 자금 모금 및 선전 수단으로 널리 활용된 방식이 다이렉트 메일이었다. 상업적 용도로 사용되던 다이렉트 메일을 보수주의 운동의 무기로 만든 사람은 리차드 비규어리(Viguerie)였다. 1964년 대선 당시 골드워터 후원자 15만명 명단을 가지고 다이렉트 메일 운동을 시작한 것이었다.

왜 다이렉트 메일이 운동에 필요한가? 아니 다이렉트 메일은 어떤 역할을 수행해야 하는가?

첫째, 다이렉트 메일은 조직가 역할을 수행한다. 다이렉트 메일을 통해, 잠재적 지지자들을 발굴하고, 묶어낼 수 있다.

둘째, 다이렉트 메일은 운동의 대의와 이슈를 대중에게 교육하는 역할을 수행한다. 앞서 이야기한 바처럼, 다이렉트 메일은 단순히 돈을 모으는 수단이 아니다. 다이렉트 메일을 통해 선전과 교육이 수행된다.

셋째, 다이렉트 메일은 동원의 주요 수단이기도 하다. 흔히 우리 운동에 대해 대중매체가 무시한다고 푸념하는 경우가 많다. 그러나 우리의 다이렉트 메일이 대안 매체인 동시에 동원망으로 활용될 수 있다.

넷째, 가격 대비 효과적인 선전매체이다. 신문이나 TV광고가 '무차별 융단폭격'이라면, 다이렉트 메일은 '정밀폭격'이다. 따라서 비용이 상대적으로 저렴하다.

다섯째, 스스로가 비용을 부담하는 선전매체이다. 다른 선전매체와 달리, 다이렉트 메일은 독자가 광고비를 내고 광고를 보는 셈이 된다. 직접 돈을 내고 보는 선전매체와 공짜 선전매체와는 효과 측면에서 비교될 수 없는 것이다.

여섯째, 자유와 독립성을 부여해 준다. 특정단체나 특정인의 후원에 매달린다면, 그 운동은 독자성을 유지하기 힘든 경우가 많다. 그러나 수천, 수만, 아니 수십만의 다이렉트 메일 독자에 의한 펀딩이라면 그런 우려는 있을 수 없다.

일곱째, 힘과 영향력을 얻을 수 있다. 많은 기부자, 그리고 기부액 자체가 정치적 힘이다.

팻 로버트슨·랄프 리드의 기독교연합

이 책에서 소개된 대표적 사례가 미국의 '기독교연합'(Christian Coalition)이다. 1989년 이 조직이 처음 만들어졌을 때 이 조직은 사무실도 없고 조직원은 팻 로버트슨 목사와 랄프 리드라는 보수주의 조직가 2명뿐이었다. 단지 있었다면 팻 로버트슨 목사가 공화당 대통령 후보 경선에 나섰을 당시 로버트슨을 후원했던 사람들의 명단을 가지고 있었을 뿐이었다.

그러나 잘 알려진 바처럼 이 조직은 불과 몇 년 만에 4천만장의 다이렉트 메일을 발송하는 거대 조직으로 성장한다. 이 조직이 수면 위로 처음 올라왔을 때 기성 언론매체들은 이해할 수 없었다. 갑자기 하늘에서 떨어진 것으로 보인 것이다. 그러나 물밑에서 다이렉트 메일을 중심으로 조직, 선전, 동원이 이뤄지고 있었던 것이다. 물론 이 조직이 발전하게 된 것을 단순히 다이렉트 메일로만 설명할 수는 없다.

랄프 리드와 같은 탁월한 조직가가 존재했으며 이 조직을 받쳐주는 광범위한 지지층과 기반이 형성돼 있었기 때문이다. 그러나 조직과 선전, 그리고 기금마련의 주요 수단으로 다이렉트 메일이 사용됐다는 것 또한 사실이다.

저명한 자유주의 경제학자 프리드만과 관련된 재미 있는 일화가 있다. 한 기업인이 와서 컨설팅을 부탁했다고 한다. 이에 프리드만 교수가 훌륭한 조언을 해 주었으며, 이 조언을 들은 그 기업인은 무릎을 치며, 감탄했다고 한다. 그리고 나가려고 하는데 프리드만이 돈을 달라고 했다는 것이다. 이에 이 기업인은 놀라면서, "아니 교수님같이 훌륭하신 분이 하찮은 돈 따위를 요구하시다니…"라고 말했다. 이에 프리드만이 대답했다. "저는 당신이 가장 소중하게 여기는 명예와 존경 같은 고귀한 것을 달라고 하지 않았습니다. 저는 당신이 하찮게 여기는 돈이나 달라고 했습니다. 그런데 왜 그렇게 놀라시는지…"

우리는 현 정국에 대해 분노한다. 그리고 MB와 한나라당을 비판하는 데 열을 올리기도 한다. 그러나 막상 우리는 입으로만 분노하곤 한다. 이제 행동해야 한다. 가장 기본적인 행동은 지갑을 여는 데서 시작한다. 커피 값도 후원하지 않으면서 분노해 봐야 소용없다. 그리고 이 책의 일독을 권한다. 이 책에는 다이렉트 메일 펀드레이징에 관한 많은 비법들이 소개돼 있다.

401호 2011.8.15~8.28

공짜 점심에 자유를 팔 것인가

밀튼 프리드먼의 **〈선택할 자유(Free to Choose)〉**를 읽고

“무상급식? 그것이 가능해?”

최근 캐나다를 방문, 10년 전 아프가니스탄에서 함께 일한 적이 있는 캐나다 기자와 맥주 한 잔을 한 적이 있다. 이 친구는 기자, 작가, 사회운동가 등 여러 캐나다 친구들을 함께 데리고 나왔으며 과거 아프가니스탄에서의 이야기를 안주 삼아 즐겁게 대화했다.

필자가 한국에서의 무상급식 논란에 대해 이야기를 꺼낼 때까지만 하더라도, 필자는 이 캐나다 기자를 무상급식 찬성자로 생각하고 있었다. 이 친구는 미국 보수주의 진영에 대해 매우 비판적인 이른바 ‘미국식 리버럴’이었으며 필자가 캐나다, 호주, 뉴질랜드와 같은 복지국가에서는 으레 무상급식을 하고 있을 것이라고 지레짐작으로 착각하고 있었기 때문이었다.

그런데 알고 보니 캐나다, 호주, 뉴질랜드에서는 무상급식을 실시

하지 않고 있었으며, 스스로 '진보'라고 주장하고 있는 이 캐나다 기자 친구도 무상급식에 반대하는 것이었다. 아니 함께 자리를 같이 한 캐나다 진보적 지식인들은 무상급식이란 개념 자체에 경악하고 있었다.

무상급식 개념에 경악한 캐나다의 진보적 지식인들

오히려 당황한 것은 필자였다. 이들이 무상급식에 반대하는 이유는 정부의 재정능력과 같은 지엽적(?) 문제가 아니었다.

"무상급식? 그런 전체주의적 발상이 자유 대한민국에서 가능해?" 필자의 서툰 영어 때문에, 필자가 잘못 표현한 것이 아닌가 하는 표정을 지으면서, 이날 함께 자리한 캐나다 진보 지식인들은 필자를 취재(혹은 취조)하기 시작했다. 솔직히 필자도 이들의 관점을 처음에는 제대로 이해하지 못했다.

애초에 다른 발상법을 가지고 문제에 접근하고 있었음을 깨달은 것은 대화가 상당히 진행된 다음이었다. 이들이 무상급식에 반대하는 이유는, 아니 무상급식이라는 개념 자체를 이해하거나 받아들일 수 없는 이유는 '선택의 자유', '개인의 자유'라는 관점에서 출발한 것이었다. "아니 어떻게 정부 혹은 학교 당국이 일률적으로 학생들의 식탁을 결정할 수 있느냐"는 것이었다. 다시 말해 "돼지고기를 좋아하는 학생도 있을 것이며, 아니 돼지고기 자체를 먹지 않는 학생도 있을 것인데, 메뉴는 누가 정하느냐"는 것이었다.

"학생들의 다양한 입맛과 요구를 무시하고 어떻게 획일적(혹은 전체주의적) 식탁을 마련할 수 있는지"에 대해 이들은 정말로 이해할 수 없었던 것이다. 이들에게 무상 공동급식이란 아프리카나 아프가니스탄 난민촌에서나 존재할 수 있는 것이었지 K-Pop의 국가이자 G20 의장국 역할을 했던 대한민국에서 나올 수 있는 발상이 아니었던 것이다.

이들과의 대화는 필자가 그동안 잠시 잊고 있었던 이야기를 떠오르게 만들었다. 2002년의 일이었다. 약 10년의 해외생활을 마치고 서울에 돌아와 옛 '동지'들과 회포를 나눌 때였다. 당시만 하더라도 서로의 생각을 서로 잘 모르고 있었기 때문에 솔직한 대화가 이뤄지고 있었을 때였다. 필자는 필자대로 '세월이 흘렀으니 철이 들지 못했더라면 때라도 묻었겠지"라고 생각하고 있었으며 이 옛 친구들은 그들 나름대로 필자가 먹고 살기 위해 조선일보에서 일을 했지만 그래도 무엇이 올바른지에 대해서는 그들과 생각을 함께 한다고 믿고 있었던 때였다.

전교조 활동가로 일하는 한 친구가 이야기했다. "소부르조아 가족제도 철폐와 사회적 공동 식탁제로 가기 위한 핵심 중간고리로서 무상급식 투쟁을 전개해야 한다." 솔직히 당황했다. 아직도 저런 화석이 존재한다니! 1980년대 숙성되지 않은 상태에서 마구 쏟아내던 이념을 지금도 저렇게 순결(?)하게 지키고 있다니!

그러나 문제는 화석이 박물관에 보관돼 있는 것이 아니라 영화 '쥬라기 공원'에서처럼 생명을 얻어 부활돼 우리의 자녀들의 뇌수에

'원시공산사회'를 이상향으로 주입시키고 있는 위험한 현실이었다. 그렇다! 이 대화를 잊고 있었다. 이번 무상급식 문제는 단순히 국가 재정이 무상급식을 허용할 수 있느냐 없느냐의 문제가 아닌 것이다. '사회적 공동 식탁제'로 나가려는 전체주의자들과 이러한 '노예로의 길'을 거부하는 자유민 간의 절대로 타협할 수 없는 투쟁인 것이다.

살아 있는 운동권 '화석'들, 그들의 무상급식 논의

물론 자유는 소중한 만큼 또 향유하기도 어려운 것이다. 아무나 자유를 즐길 수는 없는 것이 객관적 현실이기도 하다. 한 줌의 빵도 얻을 수 없는 자들이 자유를 이야기한다면 사치일지도 모르겠다. 그렇기에 '자유로부터의 도피' 현상이 일어나기도 한다. 그러나 지금 대한민국은 '기브 미 초콜릿'을 외치는 국가는 아니지 않는가? 그런데 싸구려 점심에 '자유'를 팔아먹으려 하다니.

구약성경에서 에서가 팥죽 한 그릇에 장자권을 팔아넘긴 어리석음과 무엇이 다를까. 국가나 사회가 보호해 주어야 할 사람들도 있을 것이다. 점심 한 끼를 못 먹는 결식아동들도 있다. 그러나 이들의 문제와 전체 학생들의 문제는 엄연히 다른 것이다. 오히려 전체 학생들에게 가르쳐야 하는 교훈은 "공짜 점심은 없다"는 자유주의 경제학적 관점인 것이다.

서울에 돌아와서 서재를 살펴보니, 한 구석에 먼지가 뽀얗게 쌓여 있는 책이 한 권 있었다. 밀튼 프리드먼 부부가 함께 쓴, '선택할 자유'였다. 먼지를 털어내고 다시 읽어 보았다. '자유와 경제와의 관계에 대한 고전적 탐구'라는 이 책의 부제가 이미 잘 지적하고 있는 바처럼 문제는 '자유'였다. 그러한 자유를 포기하는 순간 경제적 번영도 사라지며 우리는 하이에크가 경고한 것처럼 '노예의 길'로 갈 수 밖에 없는 것이다.

다행히 이 책은 번역돼 자유기업원에서 출판됐다. 그런데 아뿔사! 절판됐다는 이야기를 들었다. 출판되지도 않고 겨우 출판됐다 하더라도, 잘 팔리지 않아 절판되면 새로 찍지 않는 것이 보수 혹은 고전적 자유주의 진영 출판계 현실이다.

참! 이 책의 모태가 된 같은 이름의 TV 시리즈물이 있다. 그리고 이 시리즈물도 번역돼 있다. 책을 읽기 부담스러운 사람들은 '선택할 자유' 비디오 테이프나 CD를 구입해서 TV나 컴퓨터로 봐도 좋을 것이다.

이상한 전제, '중국의 성장이 계속된다면…'

칼 월터, 프레이저 하위 共著 **〈붉은 자본주의(Red Capitalism)〉**를 읽고

1991년 가을 러시아 상트페테르부르크대학에서 러시아어를 배우고 있을 때 이야기다. 함께 공부하던 친구 가운데 데이비드라는 미국인이 있었다. 미국에서 컬럼비아 대학교를 졸업하고 조지워싱턴대학 대학원에서 러시아 정치를 공부하다가 러시아어 어학연수 온 학생이었는데, 키가 크고 잘 생겼을 뿐만 아니라 성격이 쾌활해 주변 러시아 학생들에게 인기가 좋았다.

어느 날 러시아 남녀 학생들이 데이비드를 찾아 기숙사로 놀러왔다. 필자도 이 자리에 합석했는데 한 러시아 학생이 말했다. "데이비드, 너 왜 러시아어 배우니? 조금 있으면 우리 러시아인들도 모두 영어로 말할 텐데…" 이에 데이비드가 대답했다. "그래? 그럼 영어 배우지 마! 아마 우리 미국인들은 곧 일본어를 사용하게 될 거야."

왜 갑자기 20년 전의 이 '썰렁한' 농담이 생각날까. 당시 일본은

욱일승천의 기세로 상승하고 있는 것으로 보였으며 '일본이 곧 미국을 추월한다'는 명제가 당시 지식사회의 주요 화두 중 하나였다. 일본의 부상에 대한 미국의 경계심도 만만치 않았다. 스타워즈를 비롯해 많은 미국 공상과학 영화에서 착한 세계를 공격하는 악의 무리들의 복장은 왠지 일본 사무라이 복장을 닮은 느낌을 주곤 했다.

일본이 미국을 추월할 것이라던 옛 이야기

'서구식 자본주의는 한계를 드러냈으며, 이를 유교적 가치와 결합한 아시아식 자본주의가 대체할 것'이라는 이른바 '아시아적 가치론'이 크게 유행하기도 했다. 그러나 현재 일본의 모습을 보면 과연 언제 그런 이야기가 있었는지 의심이 들 정도이다.

많은 전문가들이 중국 경제성장이 "이대로 계속된다면, 곧 미국 경제를 앞지를 것이다"라고 말하고 있다. 실제로 중국 경제성장률은 눈부실 정도로 높은 수치를 보이고 있다. 그러나 문제는 "이대로 계속된다"는 전제이다. 하지만 연 10%에 가까운 중국 경제성장률이 앞으로도 지속될 수 있을까?

고등학교 다닐 때 학급 60명 중에서 56등 하던 친구가 있었다. 공부와 담쌓고 있던 이 친구가 마음잡고 공부를 시작하니 쉽게 40등 안으로 들어왔다. 그리고 그 기세를 몰아 30등, 20등, 15등까지 계속 올라왔다. 그 추세대로라면 곧 1등으로 올라갈 것 같았다. 그러나 15등부터 상승속도가 대폭 줄어들더니, 10등에 들어온 이후에는 더 이상 진전이 없었다.

공부를 덜했기 때문일까? 아니었다. 문제는 기초였다. 이 친구의 성적 상승 동력은 이른바 '암기과목'이었다. 죽도록 공부했더니, 이러한 과목들의 성적이 만점 수준으로 급상승했던 것이다. 그런데 문제는 영어와 수학이었다. 나름대로 노력했지만, 쉽게 성적이 오르지 않았다. 결국 이 친구는 5등 안에 들어가지 못했다. 다행히 자신이 원하던 서울 명문대에 입학할 수 있었지만…

이와 유사한 상황에 중국이 처해 있다고 말한다면 지나친 이야기일까? 사실 필자는 경제, 특히 중국 경제에 대해 문외한이다. 그러나 '중국의 미국 추월론'을 들을 때마다 중국 경제 성장동력에 대해 생각해 보곤 한다. 기초산업 성장동력이 존재하는지? 기초산업 없이 세계 1등을 할 수 있는 것인지?

미국 경제가 붕괴한다면 미국을 시장으로 삼아 수출주도 경제를 이끌어 가고 있는 중국은 어떻게 될까? 또 중국이 상당량의 미국 국채를 가지고 있으니, 중국이 미국 경제의 앞날을 쥐고 있다고 하는데, 거꾸로 중국이 미국 국채를 구입하지 않는다면, 중국은 수출로 벌어들인 잉여 달러를 어떻게 소화할 수 있을까? 화려한 중국 경제의 성장 이면에는 결정적인 아킬레스건이 있다. 취약한 금융산업과 은행의 부실이다. 많은 금융전문가들은 중국의 은행 부실 문제가 본격적으로 불거지면, 중국은 물론 세계경제가 위기에 빠질 수 있다고 경고하고 있다.

올 1월 미국 블룸버그 통신 조사에 따르면 세계 투자자 및 경제 분석가의 45%는 "중국이 5년 안에 금융위기를 겪을 수 있다"고 예측하고 있다. 중국 정부 통제 아래 이뤄지는 은행의 과잉 대출과 부실 및 투기적 자산투자 문제가 해결되지 않는다면 중국 금융 시스템 붕괴 위기를 맞이할 수 있다는 것이다.

중국 경제의 아킬레스건, 은행 금융 부실

'붉은 자본주의'는 20여 년간 중국 금융 현장에서 직접 일해 온 칼 워터와 프레이저 하위가 공저한 책으로서 바로 중국 금융 시스템의 문제를 파헤치고 있다. 저자들은 중국 공산당이 은행의 역할을 "국영기업에 무제한 자본을 대주는 것"으로 이해하고 있으며 그 결과 중국 은행들은 엄청난 규모의 부실채권을 안고 있다는 것이다.

현재까지 중국 정부는 이러한 부실채권이 폭발하지 않도록 잘 관리하는 놀라운 능력을 보여줬다. 그러나 그 능력이 보여준 방법은 본질적인 문제의 해결이 아니라 '폭탄 돌리기' 혹은 '피라미드 쌓기'였던 것이다. 1980년대 중국 은행들은 지방정부의 압력으로 상환능력을 따지지 않고 무분별하게 대출을 해줬다. 통화량이 급증하면서 물가가 치솟고 자산 거품이 심각한 문제로 부각했다. 그 결과 대출을 갚지 못하는 개인과 기업이 속출했다. 10여년 후 중국 4대 은행의 대출의 40%가 부실채권이었다.

솔직히 '붉은 자본주의'는 그리 재미 있는 책은 아니다. 조금 생소한 경제용어들도 많이 등장할 뿐만 아니라 무엇보다도 많은 수치와 도표가 필자를 어지럽게 만들었다. 그러나 저자가 제시한 수치를 꼼꼼히 쫓아가다 보면 "중국 지도부도 참 걱정이 많겠구나"하는 생각이 절로 든다. 사망까지는 이르지 않더라도 심한 홍역은 한번 치러야 하는 것이 중국경제의 운명인 것으로 보이기 때문이다.

이 책을 읽으면서 생각난 것은 부산저축은행 사건이었다. 부산저축은행에서 중국 4대 은행의 미래를 보았다면 지나친 것일까? 아무튼 중국에서 부실채권 폭탄이 터지거나 금융 피라미드가 무너지는 상황이 온다면? 과연 우리는 이에 대비하고 있는 것일까?

"내가 줄 수 있는 것은 피 고난 눈물 땀 뿐"

윈스턴 처칠의 **〈제2차 세계대전 회고록(Memoirs of the Second World War)〉**을 읽고

"엄마! 나 낳을 때 어떤 태몽이었어?" "글쎄, 특별한 기억이 없는데…"

초등학교 5학년 때의 일로 기억한다. 어머니와의 간략한 대화 이후, 필자는 어린이용 한국위인전기전집을 모두 상자 안에 집어넣고 다시는 열어보지 않았다. 나와는 관계없는 이야기들이라고 생각했기 때문이다. 당시 읽었던 한국 위인전의 내용은 천편일률적이었다. 우선 탄생 자체가 거창하다. 알에서 태어나든지 '위대한 인물이 태어날 것'이라는 승려나 도사의 예언 속에서 태어난다. 용이 배 속으로 들어가는 정도의 태몽은 필수적이다.

이렇게 태어난 아이는 공부를 잘하는 것은 물론 착하고 용감하다. 자라서는 충신이요 효자였고 흠 잡을 곳이 없는 완벽한 인물이다. 이에 초등학생이었던 나는 '한국 위인전에 나온 인물들은 나와

는 탄생 배경부터가 다르고 종자 자체가 다르다'는 결론을 내렸던 것이다.

어린 시절 읽은 위인전기와 무상급식투표 이후의 가슴앓이

그러나 서구 위인전기들은 여전히 책장에 꽂혀 있었다. 아버지가 경고했음에도 불구하고 끝내 도끼로 나무를 잘라 버린 미국 건국의 아버지 조지 워싱턴(최근 몇몇 역사학자들에 의하면 이 이야기는 조작된 것이라고도 하지만…), 학생생활에 적응하지 못해 초등학교를 1년도 채 마치지 못했던 발명왕 토마스 에디슨, 신체적 장애를 극복한 위대한 승리자 헬렌 켈러 등의 이야기는 어린 필자가 '감히' 동질감을 맛볼 수 있었던 감동의 스토리텔링이었던 것이다.

그러다가 고등학생이었을 때 〈처칠 회고록〉을 읽을 수 있었다. 처칠은 결코 동남풍을 불러오는 초능력의 소유자는 아니었다. 그리고 많은 회고록들과 달리, 자기 자신에 대한 자랑도 그리 많지 않았다. 나치 히틀러의 도전 속에서 굳건한 자세를 보이면서도, 많은 고민과 고뇌를 쏟아 넣은 글 속에서 그의 살아 숨쉬는 호흡이 여과 없이 느껴졌다. 그렇기 때문에 노벨 문학상을 받을 수 있었을 것이다.

느닷없이 어린 시절의 위인전기 이야기를 꺼내는 이유는 지난 8월 24일 투표 이후 겪은 가슴앓이 때문이다. 그날 아침 일찍 아내와 투표하러 갔다. 얼마나 투표하러 올까. 궁금증이 섞인 묘한 가슴 떨림을 가지고 투표장에 갔던 것이었다. 생각보다 많은 사람이 나와 있었다. 20,30대로 보이는 젊은 층도 제법 눈에 띄었다. 투표장에서 만난 사람들의 얼굴 표정은 비교적 굳어 있었다. 그러나 서로 눈이 마주쳤을 때, 서로에게 눈웃음을 지어 보이는 것이었다. 나 혼자가 아니라, 함께 하는 이웃이 있다는 사실을 서로가 확인하는 순간이었던 것이다. 그리고 이날 하루 종일 각 처에서 문자 메시지가 왔다. 투표를 독려하는 메시지였다.

솔직히 고백하자면, 투표율이 33%를 넘길 것이라고 생각하지 않았다. 투표공학상 불가능한 수치라고 판단했기 때문이었다. 그러나 그날 오전 '혹시'하는 기대감이 마음을 들뜨게 만들었다. 불행히도 오후가 되면서, '혹시'는 '역시'로 바뀌었다. 그러나 사표(死票)가 될 것이 뻔했던 오후 5시 이후에도 투표가 계속돼 25%가 넘는 투표율이 나온 것에 정말 놀랐다. 그리고 적어도 진 싸움이 아니었다고 생각하게 됐다. 그리고 서울 시민의 잠재력을 얕잡아 보았던 필자의 어리석음과 열심히 뛰지 않은 나태함에 대해 반성했다.

처칠이 주는 위로, 그리고 반복되는 역사의 비극

그런데 비수는 앞에서가 아니라 뒤에서 꽂혔다. 현재 한나라당의 실질적 오너인 박근혜 의원의 언행을 살펴보면, 8월 24일 투표자들은 한마디로 '바보들'이었다. 쓸데없는 짓을 해서 전선을 교란시킨 '어리석은 대중'들이었던 것이다. 가슴이 아프다 못해 분노를 느꼈다. 아니 서글픔을 맛보았다. 관군이 붕괴됐기에 의병이 나서 싸웠는데, 이기지 못했다면서, 그리고 왜 질 싸움을 했느냐면서, 전략이 어떻고 전술이 어떻고 떠드는 자들에 대해 경멸감마저 일어났다. 이것은 분명 '전술의 차이'가 아니었다.

'전략과 원칙'의 차이였다. '시장 자유민주주의자들'과 '무원칙적 전통주의자들'의 차이였다고 말한다면 너무 심한 것일까?

이러한 가슴앓이를 다소 진정시켜 준 것이 처칠의 〈제2차 세계대전 회고록〉이었다. 마음을 달랠 겸 교보문고에 갔다가 처칠 회고록 원서를 발견했다. 원서로 꼭 읽어 보겠다고 고등학교 때 결심한 지 30년이 지난 뒤였다. 밤을 새워 읽었다. 처칠은 히틀러의 프랑스 침공이라는 절대절명의 위기 속에서 총리에 취임하면서 "나는 피, 고난, 눈물, 그리고 땀 이외에는 아무것도 제공할 것이 없다"(I have nothing to offer but blood, toil, tears, and sweat)고 국민에게 약속한다.

과연 이러한 약속을 할 수 있는 정치인이 우리에게 있을까? 그리스가 국가부도 위기에 처해 있고, 미국이 재정적자에 시달리고 있는 모습을 보면서도, 복지를 확대하겠다는 '달콤한 약속'만 늘어놓고 있는 사람들을 국가 지도자라고 할 수 있을까?

지도자(leader)와 통치자(ruler)의 차이에 대해서도 생각해 보았다. 우리에게 필요한 것은 '리더'이지, 통치자가 아니다. 우리는 더 이상 '국민들에게 은혜를 베푸는 통치자'를 필요로 하지 않는다. 그렇다고 대중의 비위만 맞추면서 인기에만 영합하는 '정치 연예인'이 필요한 것도 아니다. '고난과 역경을 함께 헤쳐 나가자'고 호소할 수 있는 리더를 그리워한다면 지나친 욕심일까?

이번에 처칠 회고록을 읽으면서, 새삼스럽게 눈에 띈 대목이 있다. 독일군에 의해 프랑스 전선이 붕괴되자 이탈리아가 독일편에 서서 프랑스 남부를 침공하기 시작했을 때의 일이다. 처칠은 이탈리아 북부 지역 폭격을 결심했으며 이를 단행한다. 그러나 항공 거리가 너무 멀어서 큰 효과를 내지 못했다. 이에 처칠은 프랑스 남부 마르세이유 공항에 영국 공군 편대를 파견, 이탈리아 폭격을 시도한다. 그런데 마르세이유 시 정부가 반대하는 것이었다.

독일군과 이탈리아군의 보복 공습을 우려한 것이었다. 심지어 이 지방 프랑스 주민들이 나와 공항을 점거하고 영국 편대의 출격을 육탄으로 저지했다. 프랑스 중앙정부의 명령도 소용없었다. 이 대목에서 제주도 강정마을을 점거하고 있는 직업 데모꾼들의 모습이 떠오른 것은 필자의 강박관념 때문이었을까…

404호 2011.9.26~10.9

'자연 그대로'가 파라다이스라고?

찰스 피시먼의 〈**거대한 갈증(The Big Thirst)**〉을 읽고

1999년 8월. 러시아 남부 다게스탄 공화국의 보틀리흐 지역. 이곳에서는 북카프카스 해방을 외치는 체첸 반군과 러시아 정부군 간의 치열한 공방전이 벌어지고 있었다. 당시 이 전투를 취재하고 있었던 필자는 러시아 공수부대원들과 함께 러시아 MI-8헬기를 타고 러시아군 136독립여단 소속 포병이 위치한 '당나귀 귀' 고지로 날아갔다. 이곳에서 러시아군은 맹포격을 가하고 있었다. 탄피는 산처럼 쌓여 있었고, 포신은 붉게 달아 있었다. 야포만이 아니었다. 옆에 있던 T-72 탱크도 계속 불을 뿜어대고 있었다.

1시간 쯤 흘렀을까? 포격 중지 명령이 내려졌다. 포를 쏘던 병사들이 새로 합류한 공수부대 병사들에게 물을 달라고 했다. 식수가 떨어졌다는 것이었다. 그런데 공수부대 요원들도 급히 오느라 물을 챙겨오지 못했다. '아니, 이런…' 필자도 난감했다. 수통에 물 대신

보드카를 넣어 왔기 때문이었다. 다음 수송 헬기가 올 때까지 갈증에 시달려야 했다. 보드카로 갈증을 해소해 보았지만, 오히려 더욱 목이 탔다. 고지 바로 밑에 맑은 개울물이 흐르는 것이 보였으나 아무도 물을 뜨러 갈 생각을 하지 못했다. 체첸 저격병이 매복해 있을지도 모르기 때문이었다. 시원해 보이는 그 개울물을 바라보며 그저 마른 침을 삼킬 뿐이었다.

러시아의 위험한 '청정' 물

이 이야기는 전투 상황에서 벌어진 특수한 이야기만은 아니다. 러시아 카프카스 산악지대를 돌아다니다 보면 풍부한 수자원에도 불구하고 주민들이 물 때문에 고생하는 모습을 목격할 수 있다. 산업시설이 없는 깊은 산중의 물이 깨끗할 것이라는 상식은 어긋나곤 한다. 자연상태의 물은 항상 깨끗한 것이 아니다. 비가 와서 흙탕물이 되기도 하고 짐승들의 배설물이나 사체가 떠내려 오기도 한다. 특히 양떼가 한번 지나가면, 그곳의 물을 마시기 힘들어진다. 그래서 그곳 여자들의 주된 일과 중의 하나가 '깨끗한 물'을 확보하는 것이었다. 눈앞의 맑은 개울물도 내 수통에 넣을 수 없으면 그림의 떡이듯이, 관리되지 않은 수자원은 아직은 '자원'일 뿐이었다.

이러한 이야기는 피시먼(Fishman)의 〈거대한 갈증(The Big Thirt)〉에서 인도의 물부족 상태를 이야기하면서 잘 묘사되고 있다. 우리는 '천연' 신화에 살고 있다. 찌든 도시 생활을 하면서 청정 자연에 대한 갈망을 느끼곤 한다. 그러나 천연 그대로가 과연 최선일까?

네팔 히말리아 트레킹을 다녀와서 "공기가 너무 좋고 사람들이 너무 순박하다"며 "그곳이야말로 파라다이스"라고 주장하는 어느 서울 의사의 글을 읽은 적이 있다. 이 의사는 또 "비인간적 시장논리가 지배하는 서울에서 다시 살 것을 생각하니 끔찍하다"면서 자신을 안내하던 네팔 청년이 한국에서 일하고 싶어 하기에 "한국에서 외국인 노동자들이 얼마나 탄압받는지에 대해 자세히 설명해 주었는데 잘 이해하지 못하는 것 같아 안타까웠다"고도 했다.

이 의사에게 네팔인의 평균 수명이 얼마이며 왜 네팔인들이 한국으로 오려고 애쓰는지에 대해 생각해 보았는지에 대해 묻고 싶었다. 그리고 무엇보다 그 의사는 왜 '청정무구의 파라다이스' 네팔이 아닌 '비인간적인 서울'에서 굳이 살고 있는지에 대해 알고 싶었다. 네팔에는 의사가 부족한데 그곳에서 봉사하면 누이 좋고 매부 좋고 모두가 행복할텐데 말이다. 그런 류의 사람들은 또 흔히 시장경제를 비판하면서 '정글'에 비유하기도 한다. 그런데 그 '정글'이야말로 '순수한 자연상태'라는 것을 아는지 모르는지…

우리나라는 '물부족 국가'에 해당된다고 한다. 하지만 결국 물 자체가 부족한 것이 아니라, 물 공급 시설이 부족한 것이다. '눈앞의 물'이 아니라 어떻게 그것을 관리하는가가 더 중요하다. 〈거대한 갈증〉을 보면 이러한 사실은 더욱 명확해진다. 사막 한복판에 위치한 라스베가스에서 어떻게 거대한 인공폭포와 상어 수족관을 유지할 수 있는지, 또 역설적으로 호주의 한 도시가 왜 환경운동가들의 오물 재처리장 건설반대 운동 때문에 물부족에 시달리는지 등을 생생하게 보여주고 있다.

자연은 무조건 그대로 둔다고 보존되는 것이 아니다. 이는 쓰레기와 오물로 가득 찬 네팔의 히말리아 트레킹 지역 마을들과 곳곳을 케이블카로 연결시켜 놓은 스위스의 알프스를 비교해 보아도 쉽게 알 수 있다.

미개발을 칭송하는 위선자들

〈거대한 갈증〉은 물부족 문제를 시장경제적 시각에서 접근하고 있었다. 지금 세계는 물부족 상태로 접어들고 있는데, 이 문제를 해결하기 위해서는 '기업적 접근'이 필요하다는 것이었다. 또 환경오염을 방지하는 것도 '자연 그대로의 방치'가 아니라 '적절한 관리'를 통해 가능하다는 것을 역설하고 있다.

우리는 최근 최악의 정전사태를 목도했다. 너무나 당연한 것으로 여겨왔던 전기가 부족할 수 있다는 사실, 아니 전기 부족으로 대한민국이 파탄날 수도 있다는 교훈을 얻었다. 물 문제도 마찬가지다. 우리는 너무나 값싸고 풍부하고 깨끗한 물에 익숙해 있다. 물을 거의 공짜로 생각하는 관념이 지배하고 있다. 그런데 〈거대한 갈증〉은 이러한 사고에 대해 경고한다. 물공급이 중단된다면 우리는 대소변도 마음대로 볼 수 없는 사태에 직면하게 될 것이다.

이제 4대강 사업도 마무리에 들어가고 있다. 우리는 4대강 건설에 악무한적으로 반대하던 많은 사람들을 보았다. 그런데 최근 이 사람들이 침묵을 지키고 있다. 지난번 광우병 사태 때 그러했던 것처럼…

이러한 일은 비단 최근의 일만이 아니다. 과거 경부고속도로를 뚫을 때도, 포항제철을 건설할 때도 공사현장을 막으며 그 자리에 드러누웠던 사람들이 있다. 이 사람들은 환경파괴를 거론하면서 또는 "그런 돈이 있으면 가난한 사람을 도와야 한다"는 논리로 개발을 반대해 왔다. 만약 이 사람들 주장대로 경부고속도로나 포항제철 건설 자금을 '복지' 기금으로 사용했다면, 오늘날의 대한민국은 어떠한 모습이 됐을까.

405호 2011.10.10~10.23

기독교 정치 이념을 찾아서

웨인 그루뎀의 〈**성경에 따른 정치학**(Politics According to the Bible)〉을 읽고

"제가 설교할 때마다 주무시는 것 같은데…"

2003년으로 기억한다. 주일예배를 마치고 나오는데, 목사님이 필자의 불성실한 예배 태도를 꾸짖었다. "다음부터는 안 그러겠습니다"라고 대답했으면 좋았을 텐데 왜 갑자기 그런 엉뚱한 생각이 났는지…"

"세상풍파에 시달리다가 모처럼 하나님 아버지의 따뜻한 품안에 안기니 너무나 포근해서 그만 잠이…"라고 대답한 것이었다. 그때 목사님의 표정을 떠올리면 죄송스러운 마음이 들면서도 지금도 웃음이 새어 나오곤 한다. 말씀 잘 하시기로 유명한 우리 목사님의 말문이 잠시 막힌 순간이었다.

기독학생들이 걸었던 세 가지 길

보수 기독교 집안에서 모태신앙으로 자란 필자는 고등학교 다닐 때 착한 기독 학생이었다. 고등학교 2학년 후반기에는 새벽기도도 빠지지 않을 정도로 성실했으며, 이때 열심히 성경을 읽었다. 그러나 이러한 필자의 신앙심은 83년 대학 입학과 함께 도전을 받았으며, 또 너무나 쉽게 무너져 버렸다. 지금 생각하면 유치하지만, 대학교 입학과 동시에 너무도 많은 문제를 놓고 고민했다. 사회, 역사, 실존적 자아, 정치와 민주화 등등.

그러나 불행히도 이러한 문제에 대해 교회 선배들은 대답을 주지 못했다. 고등학교 때까지 믿음이 좋던 대학 선배들은 대개 3가지 그룹으로 나뉘어 갔다. 첫째는 '적당한 세속주의' 그룹이었다. 이들은 관성적으로 교회에 나가나, 대학에서는 기독교인이라는 사실 자체를 알리지 않고 살아갔다. 아니 기독교인이라는 것이 알려지는 것 자체를 부끄럽게 여기는 풍조마저 존재했다.

두 번째는 일반 대학세계와 담을 쌓고, 신앙인끼리 모여 신앙생활을 하는 '고립주의' 그룹이었다. 이들은 대학 캠퍼스에 모여 함께 기도하고 신앙심을 유지해 나갔다. 그러나 이들은 대학사회의 문제 제기를 애써 외면하면서 자신의 정체성을 유지해 나갔다. 세 번째는 '교회 도구주의' 그룹이었다. 이들은 이미 사실상 신앙심을 버렸다. 그러나 교회를 그들이 추구하는 사회 변혁의 도구로 삼기 위해 교회에 남아 활동을 계속한 부류이다.

당시 학생운동에서는 이른바 'CM논쟁'이 있었다. 기독교학생회에서의 활동이 '크리스천 운동'(Christian Movement)이냐, 아니면 '교회 운동'(Church Movement)이냐는 논쟁이었다. 이른바 '크리스천 운동'론은 기독교 정신에 입각해서 반정부 혹은 반체제 운동을 한다는 입장으로, '인간 예수' 혹은 '혁명가 예수'를 기반으로 '해방신학' 등의 이론적 근거를 마련해 나갔다.

반면 '교회 운동'론은 '교회'라는 합법공간 활용론으로서, 애초부터 기독교와는 전혀 관계가 없는 위장 기독교 운동이었다. 이 양자의 대립은 그리 오래 가지 못했다. 마르크스-레닌주의와 주체사상이 학생운동의 주도권을 장악하면서, 'CM'은 당연히 'Church Movement'의 약자로 굳어갔다. 즉 '교회'와 '기독교학생회'는 대중장악을 위한 공간이거나, 혹은 공안당국을 피하기 위한 '위장막'으로 전락해 버렸던 것이다.

그리고 이러한 무신론적 '교회 활동가'들이 '종로5가'(기독교단체들이 기독교회관 등 종로 5가에 밀집해 있는 것을 가리킴)로 침투해 들어갔다. 더 나아가 80년대 말 많은 주사파 조직들이 이른바 '신대원'팀을 조직해 조직원들을 신학대학원에 조직적으로 입학시키는 운동을 전개하고 있었다.

교회 운동권들과 비주류가 된 캠퍼스 신앙

이러한 캠퍼스 분위기 속에서 대학 신입생이 올바른 신앙심을 지키기란 매우 힘든 일이었다. 유물론과 문화적 상대주의, 그리고 정치적 유토피아주의가 지배하고 있는 대학 캠퍼스에서 기독교 신앙이 설 땅은 없어 보였다. 물론 CCC(대학생기독교선교회)를 비롯한 여러 복음주의 대학생 조직이 신앙을 유지하고 복음을 전파하기 위해 헌신한 노력이 없었던 것은 아니다. 문제는 대한민국 건국 이래 한국사회의 중심세력이었던 한국 기독교가 대학 캠퍼스의 담론을 이끌어 내기는 커녕 그 주변부로 전락돼 버렸다는 사실이다.

대학가의 중심 담론에 대해 아무런 답변을 제시하지 못하는 모습을 보여주면서 대학가의 기독교는 '현실 도피주의' 혹은 '지적 패배주의'로 흐르는 경향을 보여주었다. 이러한 흐름 속에서 한국 기독교는 대학가에서 '지적 권위'와 '도덕적 상징성'을 상실한 채 지적·도덕적 비주류로 전락돼 갔다.

필자가 하나님을 다시 만나게 된 것은 이른바 '분쟁지역' 취재 과정을 통해서이다. 체첸, 다게스탄, 아프가니스탄 등 여러 분쟁 지역에서의 경험은 필자의 '지적 교만'을 근저로부터 흔들어 놓았다. 삶과 죽음이 교차하는 지옥의 현장에서 인간 본성에 대해 많은 생각을 하게 됐다. 인간이 얼마나 흉포하고 잔인해질 수 있는지에 대해 알 수 있었다.

이러한 경험은 '인간 이성 만능주의'에 입각한 '인본주의'의 한계에 대해서도 통렬하게 깨달을 수 있었다. 이러한 경험과 인간관 때문에 필자는 요즘 보수우익 진영에서 유행(?)하는 '자유주의자'라는 용어보다는 '보수주의자'라는 용어를 더욱 선호한다. 한국에서는 '보수주의'라는 단어가 다소 부정적 어감을 주기 때문에, 전술적으로 이 용어보다는 다른 용어를 사용해야 한다는 주장에도 일리가 없는 것은 아니다. 또 실제로 보수주의자가 아닌 '리버테리안'(libertarian)들이 보수주의자로 오인(?)받는 경우도 많다.

인원 동원의 대상으로 전락한 보수 기독교

물론 '자유 시장경제주의자' 혹은 '고전적 자유주의자'(classical liberal)들이 제기하는 '자유 시장경제'의 우수성에 대해서는 전적으로 공감하며, 그러한 의미에서 필자의 보수주의는 '비(非)시장적 전통주의'와는 다르다. 그러나 '절대적 진리'와 '절대적 도덕'의 존재를 믿으며, 또 '인간의 이성의 한계'를 철저히 인식한다는 면에서는 필자는 '리버테리안'이 되기에는 많은 결격사항을 가지고 있다. 그렇기에 비록 설교시간에 졸기도 하지만, 성수주일을 지키는 기독교인인 것이다.

현재 한국 보수우익 운동의 양대 축은 안보단체와 보수 기독교이다. '고전적 자유주의자'를 중심으로 한 지식인 운동이 아카데미 영역에서 중요한 역할을 담당하고 있는 것은 사실이나, 아직 대중 기반은 취약하다. 따라서 '안보 보수주의'와 '기독교 보수주의'가 현재 한국 보수우익 운동의 주요 동력이라는 사실에 대해 부인할 사람은 그리 많지 않을 것이다. 문제는 안보 이념을 기반으로 한 안보단체들과 달리, 기독교 보수주의는 자신의 고유 이념과 동력을 상실한 채 '동원의 대상'으로 전락되는 경향성이 없지 않다는 점이다. 심지어 보수단체 회의에 참석해 보면, 교회를 그저 '동원 역량' 정도로 바라보는 보수인사도 없지 않다는 사실을 알 수 있다.

만약 기독교가 그저 동원이나 해 주는 집단이 돼 버린다면, 결국 그 동원력마저 상실하는 위기에 처할 수 있다. 오히려 기독교는 기독교 본연의 복음주의 정신에서 사회에 대해 '하나님의 말씀'을 선포해야 한다. '성경'은 내세의 문제만을 다룬 책이 아니다. 인간 사회 모든 문제에 대해 해답을 줄 수 있는 진리의 복음서이다.(이러한 사실을 안 믿는다면, 그는 기독교인이 아닐 것이다.) 물론 성경 구절이 이 세상 모든 문제에 대해 축자적 해답을 주는 것은 아닐 것이다. 그러나 적어도 기독교와 성경의 정신에 입각해 세상 문제를 바라보는 시각을 기독교인이라면 의당 갖춰야 할 것이다.

이러한 측면에서 웨인 그루뎀(Wayne Grudem)의 〈성경에 따른 정치학〉은 우리 기독교인들에게 많은 시사점을 안겨 준다. 그루뎀은 정치와 종교의 관계에 대해 잘못된 5가지 관점에 대해 이야기한다.

첫째, 정부가 종교를 강요하는 것이다. 정치를 통해 이 세상에서 유토피아를 건설하려는 태도는 비성경적이다. 또 정부가 신학적 해석의 독점자가 될 경우, 신정정치에서 보이는 많은 오류를 범할 수 있다. 따라서 정부와 교회는 분리돼야 한다.

둘째, 그렇다고 정부가 종교를 배제시켜서도 안 된다. 정교분리의 원칙을 교회의 완전한 정치 불간섭으로 해석해서는 안 된다. 교회가 하늘나라의 일을 선포하는 기관이지만, 이 세상의 문제와도 완전 분리될 수는 없다.

셋째, 모든 정부가 사악하고 악마적인 것은 아니다. 일부 교인들은 모든 세속권력과 정치를 사악한 것으로 간주하고, 이와 거리를 두는 것을 미덕으로 아는 경우가 많은데, 이는 올바른 태도가 아니다.

정치와 종교에 대한 5가지 원칙

넷째, 복음이 우선이지만, 정치를 배제할 수도 없다. 많은 선지자들이 그러했던 것처럼, 현실의 문제에 대해서도 교회는 답할 수 있어야 한다.

다섯째, 그렇다고 복음을 배제한 채 정치에 몰두해서는 안 된다. 이는 교회의 본질을 망각한 것이다.

그루뎀은 이상과 같은 5가지 원칙 하에서 기독교인들이 복음주의를 유지하면서 사회와 정치 영역에서 '크리스천 영향력'을 확대해야 한다고 역설하고 있다. 특히 '절대적 도덕 기준이 존재하며', 이를 부정하는 '문화적 상대주의'와 맞서는 것이 '신본주의 입장'에 선 기독교인들의 자세라는 것이다.

이 책의 제1부는 기독교 교리와 정치와의 관계에 대해 잘 서술하고 있다. 그리고 제2부에서는 생명, 결혼, 가족, 경제, 환경, 국방, 외교 등 여러 현안들을 성경적 입장에서 해설해 주고 있다. 물론 이 책의 내용 그 자체가 하나님의 말씀은 아닐 것이다. 또 지나치게(?)

미국적이며, 필자도 부분적으로는 동의하기 어려운 부분도 없지 않다. 그러나 이러한 문제를 더 이상 피해만 갈 수는 없다. 바로 이러한 '현실 도피주의'로 말미암아 한국교회는 지적 권위와 도덕적 정당성을 무신론적 좌익들에게 빼앗기고 있는 것이다.

적어도 이러한 문제와 정면으로 대결하는 것이 한국 복음주의 기독교의 지적·신학적 과제라고 생각한다. 그리고 이 책 2부는 기독교인이 아닌 보수주의자들이 읽어 보아도 좋을 것이다. 비기독교인들에게도 훌륭한 보수주의 교과서가 될 수도 있다고 생각한다.

자유인이 될 것인가, 꽃제비가 될 것인가

파리드 자카리아의 〈**자유의 미래(The Future of Freedom)**〉를 읽고

대한민국이 추구하는 정체성은 '자유민주주의'인가? 너무나 당연해 보이던 이 질문에 대한 정답마저도 크게 흔들리고 있다. 최근 교육과학부가 '자유민주주의'를 역사 교과서 집필 기준으로 삼으려 하자, 역사교육과정 개발추진위원 20명 가운데 오수창 서울대 교수 등 9명이 사퇴를 표명한 것이다. '자유민주주의'가 아닌 '민주주의'가 집필 기준이 돼야 한다는 것이었다. 이 사건은 정치권으로도 비화돼 때 아닌 대한민국 정체성을 둘러싼 논쟁이 벌어지기도 했다.

이 사건을 보고 놀라는 보수진영 어른들을 많이 보았다. 그러나 솔직히 필자는 그리 놀라지 않았다. "올 것이 왔다"라는 것이 필자의 솔직한 심정이었다. 국사학계의 주류(?)는 이미 오래 전부터 반(反) 혹은 비(非)자유민주주의자들이었기 때문이다. 단지 이번 사건이 주목되는 것은 노골적으로, 그리고 공개적으로 자유민주주의를 거

부했다는 점이다.

사실 어떻게 보면 이 사건의 본질은 잘못된 역사 교과서를 '자유민주주의' 기준으로 바로 잡으려는 교과부의 노력에 대한 국사학계 주류(?)의 반발이었던 것이다. 현재 자유민주주의 진영이 국사학계에서 비주류라는 점은 인정하기 싫지만 사실인 것이다.

광우병 난동현장에 울려 퍼졌던 '민주공화국' 노래

지난 2008년 광우병 난동 현장에서 가장 많이 인용된 문구 중의 하나가 "대한민국은 민주공화국이다. 대한민국의 주권은 국민에게 있고, 모든 권력은 국민으로부터 나온다"는 대한민국 헌법 제1조였다. 심지어 '헌법 제1조 1항'이라는 노래까지 만들어 부르고 있었다. 이들은 이 조항을 근거로 MB정권의 퇴진을 요구했으며 자신들의 '난동'을 정당화시키고 있었다. 뿐만 아니라 당시 전교조 교사들은 학생들에게 헌법 제1조가 무엇인지를 알아 오는 숙제를 내며 광우병 집회에 참석을 독려하기도 했다.

분명 "대한민국의 주권은 국민에게 있고, 모든 권력은 국민으로부터 나온다." 그러나 문제는 이들 난동꾼들이 자신들만이 '국민'이라고 착각하고 있었던 점에 있다. 그렇기에 자신들의 주장과 의지를 전체 국민들의 주장과 의지로 대체시키면서 자신들의 난동을 합리화시키고 있었던 것이다. 이들만이 '국민'이 아니며 이들의 의사가

'국민의 의사'인 것은 아니었다.

그러나 독선에 가득 찬 이들에게 이러한 사실이 인식될 리는 없었다. 이러한 사실은 '그들만의 후보'를 '시민 대표' 혹은 '시민 후보'라고 참칭하는 점에서도 잘 나타난다. 아니 누가 그들을 '시민 대표' 혹은 '시민 후보'로 선출했단 말인가? 저들끼리 선출했는지는 몰라도, 적어도 '우리 시민'은 그들을 '대표' 혹은 '후보'로 선출한 적이 없다.

이러한 '자유민주주의' 개념의 혼란 속에서 파리드 자카리아(Fareed Zakria)의 〈자유의 미래〉(The Future of Freedom)는 많은 점을 시사해 주고 있다. 자카리아에 따르면 민주주의에는 '자유민주주의'(liberal democracy)만 있는 것이 아니라 '비자유주의적 민주주의'(illiberal democracy)도 있다. 자유민주주의는 '헌정적 자유주의'(constitutional liberalism)와 '민주주의'(democracy)가 결합된 것으로서, 여기서 '헌정적 자유주의'란 '법치'(the rule of law)와 생명, 자유, 재산권, 그리고 행복 추구권과 같은 기본권의 보장을 의미한다.

반면 '비자유주의적 민주주의'란 '헌정적 자유주의'가 보장되지 않는 '다수의 권력'으로서, '군중 독재' 현상을 일컫는 개념이다. 물론 이러한 '비자유주의적 민주주의'가 오래 지속되는 예는 거의 없다. 이른바 '소비에트 민주주의'나 '인민 민주주의'가 그러했던 것처럼, 혁명적 시기에 일시적으로 대중 직접 민주주의 형태를 보이기도 하지만, 이러한 '비자유주의적 민주주의'는 결국 '1당 독재' 혹은 '1인 전체주의'로 귀결되기 마련인 것이다.

이러한 사실은 프랑스 대혁명 당시의 로베스피에르의 공포정치, 소련의 1당 독재, 북한의 수령체제 등에서 잘 보여준다.

비(非)자유 민주주의와 과잉 민주주의의 위험

또 자카리아는 '자유민주주의'를 실현함에 있어서 '(헌정적) 자유주의'와 '민주주의'가 상호 갈등을 빚는 경우도 많다는 점을 지적하고 있다. 나치 독일이 등장하기 직전의 바이마르 공화국과 같은 경우가 대표적인 예인데, '헌정적 자유주의'가 "자유로부터의 도피"를 원하는 대중들의 '민주주의'에 의해 압살되고, 이로써 나치즘이 등장하게 됐다는 것이다.

즉 '헌정적 자유주의'의 뿌리가 굳건하지 못할 경우, '민주주의의 과잉'이 '민주주의의 부재'보다 더 위험할 수도 있다는 점을 경고하고 있다. 자카리아에 따르자면, 우리가 추구해야 할 가치 및 목표는 '헌정적 자유주의'이며, '민주주의'는 이러한 '헌정적 자유주의'를 실현시킬 수단이며, 절차인 것이다.

얼마 전 어떤 모임에 나갔더니 "아직도 이념 싸움을 하느냐"며 점잖게(?) 충고하는 사람을 만날 수 있었다. '이념 문제'가 단순히 자장면을 좋아하느냐 아니면 짬뽕을 좋아하느냐와 같은 '단순 선호도'의 문제이거나 형이상학적 지식인들의 '관념적 유희'라면 이래도 좋고 저래도 좋을 수 있다. 아니 그러한 '관념적 유희'를 둘러싼 싸움이라면 정말 한심한 것일 것이다.

그러나 대한민국 사회에서 '자유민주주의'냐 아니냐의 문제는 단순한 '관념'이나 '이론'의 문제가 아니다. 이념 문제는 '삶의 존재 양식'을 둘러싼 문제이다. 즉 '자유인'이 될 것인가 아니면 '꽂제비'가 될 것인가 라는 생존의 문제인 것이다.

韓.美 민주당은 모두 '보수야당'으로 출발했다

젤 밀러의 **〈어느 전국 정당은 더 이상 없다 - 한 보수주의 민주당원의 양심(A National Party No More - The Conscience of a Conservative Democrat)〉**을 읽고

"나는 민주당원으로 태어났고, 현재 민주당원이며, 또 민주당원으로 죽을 것이다."

미국의 대표적 보수주의 운동가인 몰튼 블랙웰 미국 리더십인스티튜트 대표가 1960년대 자신의 고향 루이지애나에서 출마를 선언한 뒤, 자신의 친할머니에게 한 표를 부탁하자 흔들의자에 앉아서 뜨개질을 하고 있던 할머니가 안경을 고쳐 잡으며 블랙웰에게 했다는 얘기다.

1964년 베리 골드워터 선거운동을 통해 열렬한 보수주의 공화당원이 된 블랙웰은 당시 민주당의 아성이었던 미국 남부지역에 공화당 교두보 혹은 전초기지를 마련하고자 노력을 했지만 친구는 물론 가까운 친척으로부터도 외면을 당했다. 그래도 어려서부터 자신

을 유난히 사랑해 주시던 할머니만큼은 자신을 지지해 주리라 믿었는데 위와 같이 쌀쌀하다 못해 찬바람이 휘몰아치는 답변만을 들었다는 것이었다.

反남부 링컨연합, 뉴딜연합, 골드워터 아이들, 레이건 혁명

이 이야기는 블랙웰이 어느 한국 보수단체의 초청으로 2006년 한국을 방문했을 때 "한국정치의 가장 큰 문제 중의 하나인 지역감정을 어떻게 극복할 수 있냐"는 질문에 대해 답변하면서 나온 이야기이다.

미국 정치사에 대해 특별한 관심을 갖지 않은 사람들은 미국정치는 공화당과 민주당이 서로 번갈아 가면서 집권하고 있는 정도로 알고 있는 경우가 많다. 그리고 지역감정 따위(?)는 미국정치에서 중요하지 않을 것이라고 생각하는 경우도 많다. 그러나 미리 정답부터 이야기하자면 그렇지 않다.

남북전쟁 이후 1930년대 프랭클린 루즈벨트 대통령 등장 이전까지의 미국 중앙정치는 사실상 공화당 1당 체제에 가까웠다. 공화당이 분열돼 후보가 2명 나오는 조건 속에서 대통령으로 당선된 우드로 윌슨의 경우와 같은 예외 상황을 제외한다면, 1929년 대공황 이전까지 대통령 선거에서는 일방적으로 공화당이 승리했었다.

이러한 정치구도는 이른바 '링컨 구도'라는 지역분할 정치 구도에 따른 것이었다. 즉 남북전쟁 이후 링컨의 공화당은 反남부 연합구도를 통해, 민주당을 남부 지역당으로 고립시킴으로써 공화당의 안정적 정권창출 구도를 만들어냈던 것이다. 다시 말해 미국 민주당은 남북전쟁 당시 남군 편에 가담했던 남부 11개주에서는 일방적으로 승리하는 정당이 됐으나, 북부 및 다른 지역에서는 세를 확장할 수 없는 지역정당으로 고착화되면서 대통령 선거에서 지역구도상 이길 수 없는 정당이 돼 버렸던 것이다.

이러한 상황은 1929년 대공황과 함께 변화됐다. '링컨 구도'에 맞선 이른바 '뉴딜 연합'이 구성된 것이었다. 미국 민주당은 "막대기를 세워 놓고 민주당 깃발만 꽂아 놓아도 당선됐다"는 남부의 확고한 지역기반을 기본 토대로 하면서, 북부지역에서 성장하고 있는 민중 혹은 민권 운동과 결합해 당시 대공황으로 흔들리고 있는 공화당 지배층을 역포위하기 시작했다.

이러한 '뉴딜 연합'은 프랭클린 루즈벨트 승리 이후 굳건했다. 남부에서는 무조건적 몰표, 북부에서는 적어도 대등한 싸움, 이러한 필승 구도는 사실상 1980년대 레이건 보수혁명이 이뤄질 때까지 진행됐다. 물론 중간에 아이젠하워와 닉슨이 집권한 적이 있다. 그러나 아이젠하워는 공화당 간판이 아니라 제2차 세계대전 영웅의 이미지로 당선됐을 뿐만 아니라 경제정책은 사실상 민주당의 경제정책에 가까운 것이었다.

또 1960년대 민권운동으로 인해 사회혼란이 가중되자 이에 염증을 느낀 중산층을 기반으로 한 이른바 '침묵하는 다수' 논리를 통해 닉슨이 집권하기도 했다. 그러나 닉슨은 '워터게이트' 오명을 뒤

집어쓰고 퇴임해야 했으며, 그의 경제정책 역시 이른바 '민주당적'인 것이었다.

결국 미국정치가 양당구도로 변화된 것은 레이건 보수혁명을 통해, 미국 남부에서 양당구도가 만들어지면서부터라고 할 수 있다. 그러면 어떻게 민주당의 아성이었던 미국 남부에서 공화당이 교두보를 만들 수 있었는가? 아니 최근 정치 현황을 보면 미국 남부는 오히려 공화당의 텃밭으로 변화된 것 같은 느낌마저 주고 있다.

이러한 변화는 1964년 골드워터의 등장과 이에 따른 이른바 '골드워터 아이들'의 적극적인 남부 공략 덕분이었다. 물론 여기에는 남부 보수 기독교의 역할도 빼놓을 수 없다. 1960년대만 하더라도 미국 남부지역은 공화당이라고 하면 자기 친손자조차 외면하던, 아니 공화당원이라고 말하는 것은 교회에 가서 "나는 악마요"라고 외치고 다니는 것과 별로 다르지 않은 상황 속에 있었다.

경남 좌익에게 끌려가는 호남 민주당

며칠 전 버스를 타고 가다가 라디오에서 '60년 전통의 우리 민주당'이라는 표현을 들을 수 있었다. 60년 전통이라고? 그렇다! 민주당의 뿌리는 김성수, 송진우의 한민당이었으며 또 조병옥, 장면의 민주당이었다. 즉 민주당이야말로 그 뿌리가 전통 '보수 야당'이었던 것이다.

그런데 어느 순간인지 자신의 정체성을 상실한 가운데 좌익진영의 '텐트' 혹은 '숙주'로 전락해 버렸다. 사실 지역감정이란 정서는 정도의 차이일 뿐, 그 어느 곳에서나 존재한다. 아니 '애향심'은 훌륭한 미덕이기도 하다. 따라서 호남이 민주당을 사랑하는 것도 당연한 일일지도 모르겠다. 그러나 문제는 이 민주당의 정체성이다. 호남 전체 혹은 90%가 좌익 혹은 이른바 '진보'를 지지한다고 생각하지 않는다. 그런데 요즘 돌아가는 꼴을 보면 소수의 경남 좌익(?)에게 호남 전체가 끌려 다니는 것 같은 느낌을 받았다면 너무 과도한 이야기일까?

각설하고, 젤 밀러 前 미국상원 의원이 쓴 〈어느 전국 정당은 더 이상 없다〉는 책은 〈한 보수주의 민주당원의 양심〉이란 부제가 말해 주듯, '모태 민주당원' 젤 밀러가 남부 민주당의 전통적 보수적 가치와 북부 민주당의 리버럴 가치의 충돌 속에서의 고뇌에 대해 서술하고 있다.

밀러 의원은 민주당원으로 태어나 민주당 의원이 된 것을 자랑으로 여긴다. 그러나 그는 토마스 제퍼슨의 당이었던 미국 민주당이, 특히 북부 민주당이 어느덧 좌익적 색채를 띠게 된 점에 대해 부정적 태도를 보인다. 그리고 마침내 "어느 전국 정당(민주당)은 더 이상 없다"고 선언하는 것이다. 이 책을 읽으면서 한국의 밀러 의원, 호남 보수주의 의원의 탄생을 꿈꿨다고 말한다면, 너무도 현실을 모르는 몽상가의 넋두리로 들릴까?

'역사투쟁'의 신발끈을 동여매면서…

김일영의 **〈건국과 부국 - 이승만. 박정희 시대의 재조명〉**을 읽고

"지금까지는 이승만의 단정노선 때문에 분단이 된 줄만 알았는데…" 필자가 멘토로 참여하고 있는 모 대학교 한국현대사 스터디 모임에서 한 여학생이 한 말이다. 바로 이 스터디 모임의 교재가 김일영의 〈건국과 부국 - 이승만. 박정희 시대의 재조명〉인데, 이 여학생은 이 책을 통해 "북한이 '민주기지노선'에 따라 1946년 2월에 '북조선 임시인민위원회'를 조직하는 등 이미 독자적 정부를 수립했다는 사실을 처음 알게 됐다"며 놀라워했다. 또 다른 학생은 "고등학교에서 '근현대사'란 과목을 수강했는데, 이승만하면 '정읍발언'이 가장 먼저 떠오른다"고 말했다. 수능시험 준비를 위해 '근현대사' 인터넷 강의를 들었는데 강사가 "이승만의 정읍발언에 밑줄 쫙 긋고, 여러분 이승만하면 정읍발언이고, 정읍발언하면, 분단이라고 외우시면 됩니다"라고 설명했다는 것이다.

이 모임에 참석한 학생들의 반응은 한마디로 말해, '처음 듣는 신기한 이야기'를 알게 돼 재미 있다는 것이었다. 학교에서 배운 것과 다른 '새로운 학설'을 접하게 돼 지적 호기심을 충족시킬 수 있어 좋다는 것이다. 이러한 현상을 '일부' 전교조 교사에 의한 교육 탓으로 생각하는 경향이 있다. 그러나 이러한 지적 풍토는 결코 '일부' 전교조 교사에 의한 것이 아니다. '해방전후사의 인식'과 '태백산맥'의 논리가 고등학교와 대학교에서 중심 이론으로 자리 잡고 있는 것이 현실이다. 오히려 보수주의 혹은 자유주의 사관에 입각한 한국 현대사 조명은 고등학교와 대학교 강단의 '소수자'로 전락돼 있다. 김일영 교수의 이 책에 '재조명'이란 부제가 붙은 것도 바로 이러한 현실 때문이다.

처음 듣는 신기한 이야기…우파는 콘텐츠에서 밀렸다

많은 보수진영 인사들은 최근 이른바 '안철수 현상'과 20-40대의 反기득권 흐름에 당황해 하고 있다. '민주주의' 자체에 대한 회의론이 거론되고 있으며 심지어 '재부팅'해야 한다는 소리마저 나오고 있다. 또 '철없는 요즘 젊은 것들'에 대한 한탄과 우려도 계속되고 있다. 혹시 20대만의 문제라면, 아니 더 양보해서 20-30대의 분위기라면, 이른바 '철부지론'이 설득력이 있을 수도 있다. 그러나 문제는 40대까지 포함돼 있다는 것이다. 필자는 40대이고, 필자의 딸은 20대이다. 이를 한 세대로 묶어서 이야기할 수 있는 것인지… 현재

정부든 군대든 회사든 어느 조직을 가나, 40대가 허리이다. 군대로 말하자면 영관급 장교들이다. 이들도 '철부지'라면 '재부팅' 자체가 불가능한 것이다. 사병은 커녕 영관급 장교도 없이 장군들이 무슨 일을 할 수 있단 말인가? 이쯤 이야기를 진행하면 '패배주의'가 고개를 쳐든다. 이제 한국 보수주의나 자유주의는 공룡이 멸종한 것처럼 시간과 함께 멸종해가는 것이 아닌가 하는 한탄이 절로 나오기도 한다.

그럼 왜 이런 현상이 일어났는가? 혹자는 트위터와 같은 SNS 때문이라고 말한다. 물론 이 말에는 일리가 있다. 그러나 이것은 현상이지, 현상을 만들어낸 본질은 아니다. SNS라는 도구의 사용에 미숙한 것도 문제지만, 더 큰 문제는 그 도구에 집어넣을 '콘텐츠'이다. '콘텐츠' 자체에서도 밀리고 있는 것이 현실이다. 그럼 왜 '콘텐츠'에서도 밀리는가? 보다 근원적인 이유는 '역사투쟁'에서 패배하고, 역사와 현실을 바라보는 '프레임 장악'에서 밀리고 있기 때문이다.

지난 대선에서 MB는 압승한 바 있다. 그러나 MB의 승리는 대한민국파가 '역사투쟁'에서 이겼기 때문이 아니었다. 당시도 많은 40대는 대한민국의 역사적 정통성에 대해 의구심을 가지고 있었다. "대한민국은 태어나지 않아야 할 국가였으며, 대한민국 역사는 정의가 실패하고 기회주의가 득세한 역사"라는 것이 40대 이하 세대의 기본적인 역사 프레임이다. 단지 "기회주의라도 좋다. 경제만 살려다오"라는 논리가 MB의 승리를 만들어냈던 것이다. 그런데 기대했던 것만큼 경제가 살아나지 않자(이것이 MB의 잘못이든 국제경제 환경 탓이든), "그렇다면 더 이상 기회주의에게 표를 줄 수 없고, 이제는 정의를 회복할 때"라는 논리가 힘을 얻기 시작한 것이다.

MB가 BBK에 관련 됐든 안 됐든 관계없었던 것처럼, 박원순의 사소한(?) 비리는 문제가 되지 않았다. 박원순이 좌익이라고? 한반도의 역사적 정통성은 좌익에게 있다고 생각하는 사람들에게, 단지 현재 물질적 풍요 때문에 '민족적 정의'를 배반하고, '생활 보수'가 돼 '기회주의자'처럼 비굴하게 살고 있는 것에 대해 '양심의 가책'(?)을 느끼는 사람들에게 "박원순이 좌익"이라는 사실은 마이너스가 아니라 플러스였던 것이다.

박원순의 좌익사상은 마이너스가 아니라 플러스였다

앞선 칼럼에서 '유령과의 역사투쟁'을 이야기한 적이 있다. 인정하기 싫지만, 보수우익 진영은 40대 이하 세대에서의 역사투쟁에서 패배하고 있다. 지금은 '저들의' 역사관이 40대 이하에서는 주류이고, '우리의' 역사관이 비주류이다. 대한민국과 북한의 경제력을 비교하면서 대한민국에게 정통성이 있다고 우리는 주장한다. 그러나 이러한 '현실투쟁'의 승리가 '역사투쟁'의 승리와 반드시 일치하는 것은 아니다. 보수우익이 '역사적 정통성이 없는 졸부' 정도로 인식되고 있는 한, '역사투쟁'에서 승리할 수 없는 것이다.

즉 "대한민국은 '자유의 공화국'이며, 대한민국의 역사는 절대빈곤 속에서 한강의 기적을 일궈낸 산업화의 역사인 동시에, 여러 어려운 환경에도 불구하고 민주화를 성취한 위대한 역사"라는 사실이 '사고의 프레임'으로 설정되지 않는 한, 40대 이하의 가슴과 두뇌를 사로잡을 수 없다. "아버지가 힘들게 일해서 돈 번 것은 알지만, 또 그 돈 때문에 아쉬운 소리도 하지만, 기본적으로 우리 아버지는 정통성이 없는 기회주의적 졸부"라고 생각하고 있다면, 아버지의 권위는 근본적인 한계에 봉착할 수 밖에 없으며, 또 그 집안이 '긍지 있는 명문가'로 성장할 수 없는 것과 같은 이치이다.

이번 대학생 한국 현대사 스터디에 참여하면서 대학교 1학년 당시 '해방전후사의 인식'이란 책으로 지하 서클에서 '세미나'를 했던 기억이 난다. 그 당시 세미나에 참석한 이유 중의 하나는 "처음 듣는" 새로운 사실을 접할 수 있다는 '지적 호기심' 때문이었다. 그리고 왠지 기성세대와는 다른 소리를 하고 싶다는 반항심(?)도 한몫했다. 그런데 2011년에는 20대 청년층의 특권인 지적 호기심과 반항심이 김일영 교수의 책을 읽게 만들고 있는 것이다.

여기서 희망을 보았다면 지나친 낙관일까? 좌우간 이제는 '역사투쟁의 신발끈'을 동여 맬 때다. 그 투쟁은 〈건국과 부국〉을 정독하고, 또 이 책을 젊은 세대에게 추천해 주는 것으로부터 시작될 수 있을 것이다.

보수주의 운동의 진지를 구축하자!

니콜 호프린, 론 로빈슨 共著 **〈펀딩의 아버지들 - 보수주의 운동의 숨겨진 영웅들(Funding Fathers-The Unsung Heroes of the Conservative Movement)〉**을 읽고

1980년대 중반 한 운동권이 '양산박'이란 학사주점을 차린 적이 있었다. 운동권 사랑방 공간을 마련함과 동시에 운동(혹은 생활) 자금을 마련하기 위해서였다. 문을 열자마자 이 술집은 문전성시를 이루었다. 각종 조직 및 공안사건으로 형을 마치고 나온 운동권 선후배들이 대거 몰려들었던 것이다. 약속 없이 가도 아는 사람을 만날 수 있었으며, 또 다른 사람들과 인사를 나눌 수 있었다. 자욱한 담배연기 속에 앉을 자리가 없을 정도로 항상 붐볐다. 외관상으로만 보면, 떼돈을 버는 것 같았다. 그러나 개점한 지 몇 달되지 않아 문을 닫았다. "호기 있게 술을 마시는 호걸들은 많아도, 돈을 내고 가는 영웅이 없었기 때문"이었다. 당시 이 '양산박 비적'들이 가장 좋아했던 노래 구절이 "동지는 간데없고, 깃발만 나부껴. 새날이 올

때까지 흔들리지 말자"였다. 사실 당시 상황은 좌익들 입장에서 볼 때 참담 그 자체였다. 소리는 검거 소식뿐이었으니…

한숨과 패배주의적 자괴감

요즘 많은 보수인사들이 한숨을 입에 달고 다닌다. '안철수 현상'과 '나꼼수 신드롬'에 당혹감을 감추지 못하고 있다. "어떻게 이런 일이?"라며 경악해 한다. 심지어 "이대로 가면 전멸이야"라는 패배주의적 자괴감마저 나오고 있다. 또 "'보수의 실패'가 아니라, 'MB 혹은 한나라당의 실패'일 뿐이야"라고 자기 위안을 해 보기도 하지만, 현재의 전선 붕괴 상황에서 '보수진영'도 자유로울 수 없다는 점을 잘 알고 있다. 그럼 무엇을 해야 하는가?

이런 상황 속에서 읽은 〈펀딩의 아버지들〉은 많은 시사점을 던져 주었다. 〈펀딩의 아버지들〉이란 '건국의 아버지들'(Founding Fathers)란 단어에 빗대서 만든 말로서 〈보수주의 운동의 숨겨진 영웅들〉이란 부제에서 보여주듯, 음지에서 미국 보수주의 운동의 성공을 도운 사람들의 이야기다. 필자가 처음 이 책을 선택했을 때에는 단순히 '재정 후원자'들의 이야기인 줄 알았다. 그러나 '펀딩의 아버지들'은 단순히 돈을 내거나 모금하는 사람이 아니라 '비전'을 가진 '운동가들'이었다.

'펀딩의 아버지들'은 뉴딜 이후 미국 사회, 특히 대학을 중심으로 한 젊은 지식층이 좌익의 지적 헤게모니에 의해 포섭, 장악돼 나가는 모습에 주목했다. 명문대학 경제학과에서 자유 시장경제를 옹호하는 것이 아니라, 이를 비판하는 것이 대세가 되고, 기독교 재단이 후원한 대학에서 '전투적 무신론'이 유행하고, 종교적 생활을 하는 것은 마치 미개한 사람들의 일인 것처럼 치부하는 '겉멋'이 지배하는 현실이 지속되는 한, 미국 사회의 앞날이 위험하다고 판단한 것이다. 그래서 이들 '펀딩의 아버지들'은 젊은이들의 '두뇌와 심장'을 사로잡기 위한 '이념 전쟁'(war of idea)을 시작한 것이다.

윌리엄 볼커(William Volker)는 자수성가한 사업가 출신으로 자선사업에 많은 돈과 노력을 쏟아 부었다. 이 과정에서 '세금을 통한 자선'은 물질적 측면에서 복지 이상을 실현시킬 수 없을 뿐만 아니라, 복지 혜택자의 '인간으로서의 자주성'을 박탈시킬 뿐이라는 사실을 깨닫게 된다. 그리고 문제의 본질 중의 하나가 '이념'(idea)라고 판단하고, 이러한 이념 전쟁을 치를 참모본부 구축에 나서게 된다. 이러한 사업의 하나로 진행된 것이 '몽페를린 소사이어티'(Mont Pelerin Socieity)의 후원이었다. 잘 알려진 바와 같이 '몽페를린 소사이어티'는 하이에크, 미제스, 밀턴 프리드만 등 자유주의 경제학 대가들이 집결한 '지식의 산실'이었으며, 이를 중심으로 자유주의 경제학이 국가 개입주의 경제학을 극복하고 주류로 재등장할 수 있었던 것이다. 볼커는 '볼커 재단'을 만들어 '몽페를린 소사이어티' 자체뿐만 아니라 학자들을 개별적으로 재정 지원하며 또 이들이 대학 강단에 설 수 있도록 했다. 대학에 후원금을 줄 때, 조건으로 이들 자유주의 경제학자들의 강의를 보장하도록 했던 것이다. 하이에크와 미제스가 대학에서 강의할 수 있었던 것은 '볼커 재단'의 후원 덕분이었다.

헨리 레그너리(Henry Regnerty)는 보수주의 출판가이다. 그는 쏟아져 나오는 책들이 좌익 혹은 좌익 리버럴 경향이라는 사실에 주목하고 보수주의 책 출판에 나섰다. 좌익은 책을 출판해 줄 출판사를 찾기 쉬우나, 보수주의는 그렇지 못하다는 사실에 주목했던 것이다. 레그너리는 "책만으로 세상을 구할 수 있다고 생각하지 않는다. 그러나 어디선가 시작해야 했다. 책은 주요한 수단의 하나이다"라고 말했다.

美 보수주의 운동의 대부 윌리엄 버클리

'미국 보수주의 운동의 대부'인 윌리엄 버클리(William F. Buckley Jr)는 '내셔널 리뷰'(National Review)란 잡지(미래한국 처럼 초기에는 주간지였으나 격주간지로 전환됨)를 만들어 보수논객들의 발표장임과 동시에 보수이념을 결집시키고 전파시키는 '미국 보수주의 운동의 요새'를 구축했다. 버클리는 보수주의 학생운동 성장에 심혈을 기울였다. 단순히 이념적 자양분만 제공한 것이 아니었다. 보수주의 학생운동가가 대학을 졸업한 이후 진로문제에도 세심한 배려를 아끼지 않았다. 훈련된 보수주의 학생들을 대학, 언론, 정부, 의회 등 주요 자리로 진출시키는 데 적극적으로 도와주었던 것이다. 그 밖에 '매니언 포럼'이란 보수주의 라디오 방송 프로그램을 만들고 진행한 클래런스 매니언,

헤리티지 재단을 후원한 조셉 쿠어스 시니어(Joseph Coors Sr.) 등의 이야기도 소개돼 있다.

무엇을 해야 할까? 너무도 할 일이 많다. 보수주의 학자들을 결집시키고, 이들이 대학에서 강의할 수 있도록 하는 일, 보수주의 책을 번역·저술·출판하는 일, 보수주의 운동의 선전가이자 조직가 역할을 담당할 한국판 〈내셔널 리뷰〉를 만들어 내는 일, 젊은 보수를 양성하고, 이들의 진로를 확보해 주는 일 등등.

2012년 정세는 그리 밝지 못하다. 저들의 거센 공세가 예상된다. 우리는 진지를 구축해야 한다. 토치카를 만들고 교통호를 파야 한다. 아니 개인호라도 파야 한다. 그래야 전선을 지킬 수 있으며 설령 전선이 돌파된다 하더라도 '장기적 저항'을 계속할 수 있기 때문이다.

410호 2011.12.19~2012.1.1

‘뺑’을 현실로 만든 위대한 세대

톰 브로코의 〈**가장 위대한 세대(The Greatest Generation)**〉를 읽고

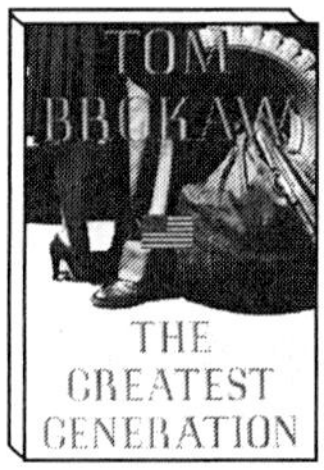

2002년 월드컵에서 대한민국 팀이 4강이 오르자 전 국민이 열광했다. 당시 4강을 예측하거나 기대한 사람은 사실상 전무했다. 16강이 목표였다.

2011년 대한민국은 무역 1조 달러를 돌파, 무역 9위, 수출 7위국이 됐다. 또 유엔이 올해 발표한 인간개발지수에 따르면 대한민국은 15위이다. 리히텐슈타인, 아일랜드와 같은 유럽 소국들이 앞에 있어서 그렇지, 영국도 프랑스도 대한민국보다 등수가 낮다. 물론 UN의 측정방식에 이의를 제기하는 사람들도 있을 것이다. 그러나 이것을 축구로 환산하자면, 대한민국 축구팀이 FIFA 랭킹 15위에 들어간 셈이다. 그런데 평가는 냉담하다. 특히 젊은 층에서는 “그것이 나와 무슨 상관이냐? 삼성이나 현대에 다니는 것도 아닌데”라는 싸늘한 반응마저 나오고 있다. 왜 이런 일이 일어나고 있을까?

진정한 기적은 (2002년 월드컵) 축구팀의 4강 진출도, 김연아의 금메달도 아니다. 대한민국 국력 자체가 세계 15위 안에 들어섰다는 것이 기적이다. 오히려 대한민국 축구팀도 김연아도 대한민국 국력을 반영하는 상징들 중의 하나이다. 그런데 이러한 대한민국의 기적적 발전에 대해서는 매우 박한 점수를 주는 것이 현실이다.

월드컵 4강·김연아 금메달보다 세계 국력 15위가 더 의미

1960년대 박정희 대통령은 한 연설에서 "필리핀만큼 잘 살 수 있었으면…"이라고 말했다. 독자적 건설 능력이 없어서, 장충체육관 등 주요 시설 건설을 필리핀 건설회사에게 맡겨야만 했으며, 현대건설은 필리핀 건설회사의 하청업체에 불과했다. 당시 대한민국의 국력은 많은 아프리카 나라들보다 낮은 수준이었다. 사실 하루 3끼 입에 풀칠하는 것이 급급한 실정이었다.

60년대생들은 기억할 것이다. 70년대 교실 벽에는 신동우 화백의 만화가 붙어 있곤 했다. 1980년대가 되면 집집마다 더운 물이 나오고 자가용이 생길 것이라는 내용이었다. 심지어 비행기타고 해외여행도 다니게 될 것이라는 대목에서는 어린 우리들도 믿지 않았다. "이건 뻥이야! 공상과학 만화도 아니고…" 그런데 그 '뻥'이 '현실'이 됐다.

현재 우리의 삶을 뒤돌아보자. 어렵다고 하지만, 스마트폰과 자가용으로 무장하고, 해외 여행하는 것이 그다지 신기한 일이 아닌 세상에 살고 있다. "자장면 값도 안 되는 최저 시급"이란 선동 문구가 시내 한복판에 붙어 있는 것을 보았다. 70년대 초등학교 시절, 어린 마음에 자장면이 어떻게나 먹고 싶었던지… 자장면 한 그릇 사먹으려고 빈병을 모으고 다녔던 것을 기억한다. 당시 필자는 서울에서 그래도 제법 사는 축에 드는 집안에서 자랐다. 그런데도 그러했다.

최근 톰 브로코의 〈가장 위대한 세대〉를 다시 읽어 보았다. 정서가 메말랐다는 평을 듣는 필자이건만, 대목 대목에서 눈물이 쏟아지는 것을 참을 수 없었다. 미국에서 '가장 위대한 세대'는 1914년에서 1924년에 태어난 세대(혹자는 세대 범위를 1901년생 이후로 확대시키기도 한다)로서, 1930년대 대공황 시기에 어린 시절을 보내고, 제2차 세계대전에 참전 혹은 후방에서 지원 사업을 해야만 했으며, 1950~1960년대 전후 복구사업과 경제건설을 통해, 미국을 세계 최강대국으로 만든 세대를 일컫는다.

이들은 제1차 세계대전 세대인 이른바 '잃어버린 세대'의 다음 세대인 동시에, 베이비 붐 세대의 아버지 세대이기도 하다. 이 용어가 만들어지게 된 것은 톰 브로코가 동일 이름의 라디오 프로그램을 운용하면서 부터이다. 브로코는 대공황, 전쟁, 경제건설의 시대를 살아간 많은 사람들의 생생한 이야기를 라디오로 내보냈다. 그리고 그 이야기를 묶어 출판한 것이 바로 이 책이다. 동네 소년 야구단 코치로 봉사하는 할아버지가 알고 보니, 노르망디 상륙작전 참가자였다는 식의 이야기로 풀어간다. 이들의 이야기는 어떻게 보면 한결같다. 찢어지게 가난한 어린 시절, 그리고 참전. 많은 이들은 참전하기 위해 이동하면서 기차와 배, 그리고 비행기를 난생 처음 타보게 된다. 그리고 현대무기를 다루면서, 농민에서 공업인으로 전화돼 간다.

또 생사가 갈리는 전쟁터에서 새로운 '생사관'을 획득하게 된다. 남은 목숨을 값지게 사는 것이 죽은 전우에 대한 예의라는. 그리하여 전쟁이 끝나고 고향이 돌아와, 인생에 대해 진지하게 고민해 본다. 그리고 GI Bill(참전용사에게 주어진 학비 지원금)을 자산으로 대학에 들어간다. 그리고 오늘날의 미국을 건설한다. 유럽 전선과 태평양 전선으로의 첫 해외여행(?)의 경험도 훌륭한 자산이 됐다.

기성세대·젊은세대가 함께 자랑스러운 역사 서술에 나서야

이 책을 읽으면서 생각난 것은 '대한민국의 가장 위대한 세대'였다. 세계에서 가장 못살던 나라 중의 하나였던 대한민국을, 그것도 참혹한 전쟁의 폐허 속에서, 세계 일류 국가의 하나로 건설해낸 '대한민국의 가장 위대한 세대'야말로 진정한 영웅들이었다. 이들은 낙동강 전선에서 조국을 수호했으며, 월남과 중동 열사의 땅에서 싸우고 건설했다. 또 우리의 어머니와 누이들은 라면 한 그릇으로 허기진 배를 채우면서, 동생 학비를 벌기 위해 잔업과 철야를 마다하지 않았다. 미국의 위대한 세대보다 더 위대한 것이 한국의 위대한 세대일 것이다. 그런데 대한민국의 '위대한 세대'는 정당한 존경을 받지 못하고 있다. 필자를 포함한 젊은 세대의 책임이 크다. 그러나 이 분들도 조금은 책임이 있는 것 같다. 조국을 지키고 건설하는 데는 성공했으나, 이러한 당신들의 업적을 이론화시키고 신념화시켜 후손들에게 전해주는 데는 실패했기 때문이다. 즉 돈과 물질은 남겨줬지만 정신적 유산은 넘겨주지 못했던 것이다.

정말 고생한 이 세대에게 이런 주문을 하는 것 자체가 염치없는 일일지도 모르겠다. 그러나 젊은 세대와 손을 잡고, '한국판 위대한 세대' 프로그램을 만들어야 할 것이다. 종편도 시작됐으며, 인터넷 매체도 많다. 추상화된 역사가 아니라, 피와 살이 살아 숨 쉬는 역사를 서술해야 할 것이다. 때로 '실수'와 '아픔'도 있다. 그러나 이 모든 것을 함께 담아, "이 대한민국이 어떻게 만들어지고 수호되어 왔는지"에 대해 젊은 세대와 함께 대화를 나누는 장을 만들어 보면 어떨까 한다.

411호 2012.1.2~1.15

우리에게 배달된 통일의 초대장

마이클 메이어의 **〈세계를 변화시킨 해(The Years that Changed the World)〉**를 읽고

요즘에 유행하는 넌센스 퀴즈 한 가지. "대한민국에서 가장 강력한 반통일 세력은?"

정답은 '통일 전문가'(통일되면 일자리가 없어지니까!)

최근 일부 소위 북한전문가들의 김정은 체제 향후 전망에 대한 진단을 들어보면, 위의 넌센스 퀴즈가 단순히 농담만은 아님을 느끼게 해준다. "북한은 특수한 체제이며 따라서 북한 내부의 논리로 접근해야 한다"는 이들의 주장을 듣고 있자면 왠지 과학적 분석이라기보다는 밥그릇 논리("북한 문제는 우리만 아는 것인데, 왜 비전문가들이 끼어들어?" 혹은 "북한이 붕괴되면 뭐 먹고 살지?")와 전 세계적 시야를 상실한 좁은 반도적 시야에 근거한 이들의 희망사항(wishful thinking)에 불과하다는 생각을 떨칠 수가 없다. 이들이 북한의 붕괴를 전망할 수 없는 것은 당연한 일인지도 모르겠다. 60여년의 짧은 북한 역사만 들

여다 볼 경우 정권 붕괴의 사례와 경험을 찾을 수 없기 때문이다.

反 통일세력으로 전락한 '통일전문가'들

과거 자칭 통일운동가들은 '반국적(半國的) 시야'를 벗어나 '전국적(全國的) 관점'를 가질 것을 주문했다. 한국정치를 남한 내부의 정치역학관계 속에서만 보면 안 되며 북한을 변수가 아닌 상수로 놓고 바라봐야 한다는 주장이었다. 달리 말해 북한이 한국 정치의 실질적 당사자라는 것이었다. 그리고 이들은 과거에 통일이란 단어를 입에 달고 살았다. 그런데 언제부터인가? 이들의 입에서 통일이란 단어가 사라지고 통일비용이란 단어가 입에 붙어 다니기 시작했다. 통일 운동가를 자처하던 이들이 이렇게 反통일 세력으로 전락됐으며 그렇게도 '전국적 관점'을 주장하던 이들이 북한 문제를 거론하면 "그것은 북한 내부의 문제"라고 꼬리를 감추기 시작한 것이었다. 이런 자들에게 '전 세계적 관점'을 요구한다는 것 자체가 너무 무리한 요구일지도 모르겠다.

작년 이맘 때(2010년 12월) 중동지역 전문가들과 함께 저녁식사를 한 적이 있다. 이 자리에서의 주된 화제 중 하나가 이집트 무바라크 정권의 향방이었다. 무바라크 정권이 붕괴할 것이라고 예견한 사람은 단 한 사람도 없었다. 오히려 주된 관심은 무바라크가 아들에게 정권을 세습해 줄 수 있을까라는 문제였으며 그 가능성을 가지고 의견이 반반으로 갈라졌다. 카다피 정권의 붕괴? 만약 이에 대해 이야기를 꺼냈다면 정신병자 취급을 받았을 것이다.

김정일 사망 발표 직후 많은 외국 지인들로부터 전화가 왔다. 대부분 과거 함께 일한 외신 기자들이었다. 이들은 질문했다. "한국인들은 통일을 원하느냐?"고 "원한다"고 대답하자, "네 생각 말고, 보통 한국인들의 견해를 말해 달라"는 것이었다. 어떻게 대답해야 할지 당황스러웠다. "한국인들, 특히 젊은 층은 통일을 원하지 않는다고 하던데…"라는 거듭된 질문에, "아마도"라고 말꼬리를 흐리고 말았다.

숲을 보기 위해서는 숲을 벗어나는 것이 필요할 때도 있다. 쏟아지는 북한 소식, 그러나 팩트는 적고, 희망사항과 추측만 가득 찬 정보의 홍수 속을 벗어나 마이클 메이어의 〈세계를 변화시킨 해〉를 읽었다. 이 책은 1989년 베를린 장벽 및 동구 사회주의의 붕괴를 현장에서 취재했던 뉴스위크지 특파원 메이어가 베를린 장벽 붕괴 20주년을 맞이해 2009년에 쓴 책이다. 이 책을 처음 손에 쥐었을 때 제1장의 내용은 그리 마음에 들지 않았다. 미국 리버럴의 어설픈 역사 강론 냄새가 느껴졌다. 책장도 잘 넘어가지 않았다. 그러나 제2장부터 상황은 달랐다. 역사 강론이 아니라 생생한 현장 취재기였던 것이다.

1989년 11월 9일 샤봅스키라는 동독 정치국원이 국내외 기자들에게 뉴스 브리핑을 했다. 당시 크렌츠 동독 공산당 서기장은 동독 시민들의 민주화 열기를 식히기 위해 여행자유화법안을 만들었는데 이것이 즉각적 여행 자유화 혹은 베를린 장벽 해체를 의미하는 것은 아니었다. 단지 앞으로 여행을 보다 자유롭게 허가하겠다는 것이었다. 그런데 휴가를 다녀오는 바람에 전후 맥락을 이해하지 못한 샤봅스키가 여행자유화 조치를 발표한 것이었다. "언제부터"냐는 기자들의 질문에 당황한 샤봅스키는 "즉시"라고 대답해 버리고 퇴근해 버렸다. 이 오보에 환호한 동베를린 시민들은 베를린 장벽으로 몰려갔고, 서독으로의 통로를 개방할 것을 요구했다. 지침을 받지 못한 경비병들은 상부와 연락을 시도해 보았으나 적절한 대답을 듣는 데 실패했다. 마침 이에 대해 정확한 대답을 해 줄 수 있는 동독 간부들은 극장이나 애인 집에 가 있는 바람에 연락도 되지 않았다. 결국 경비 초소 지휘관이 문을 열었다. 그리고 베를린 장벽이 붕괴됐다.

역사의 우연적 요소에 담긴 필연

이에 앞서 1989년 여름 헝가리로 휴가 나온 많은 동독인들이 헝가리-오스트리아 국경을 넘어 서독으로 넘어갔다. 이러한 '대탈주'는 네메스 헝가리 총리와 콜 서독 총리가 비밀리에 합의한 내용에 의한 것이었다. 네메스 총리는 비밀리에 콜 총리를 만났으며 헝가리를 동독인들의 대탈주 통로로 만드는 것에 합의했다. 이 '대탈주'는 순수히 자발적이지만은 않았다. 국경이 개방됐음에도 동독인들은 머뭇거렸다. 그런데 헝가리 당국에서는 고의적으로 헝가리-오스트리아 국경에서 동독인들을 대거 초청한 페스티발을 개최한 뒤 오스트리아 국경을 넘는 방법이 표시된 지도까지 배포하면서 탈주를 알선(?)했던 것이다. 오스트리아 국경 쪽에는 서독에서 보낸 버스가 대기하고 있었음은 물론이다. 이 과정에서의 당시 콜 총리의 보좌관이었던 호른스트 텔칙의 맹활약상이 그려지고 있다.

이 밖에도 폴란드의 자유노조의 집권 과정, 체코의 '시민포럼'과 하벨 대통령 이야기, 그리고 루마니아 독재자 차우셰스쿠의 처형 과정 등의 생생한 이야기 등은 이 책을 단숨에 읽어 내려가게 만들었다.

저자의 결론에 전적으로 동의하는 것은 아니다. 저자는 '역사적 필연'보다는 '우연적 요소'를 강조하고 있으며 미국의 역할에 대해 낮게 평가하고 있다. 마지막 에필로그를 보면 사족(蛇足)이란 느낌마저 들었다. 1989년의 사례를 과도하게 일반화시키면 안 된다는 저자의 충고에 일부 공감하면서도 베를린 장벽 붕괴에 대한 레이건 미국 대통령의 역할에 대한 저자의 의견에 동의할 수는 없었다. 또 오히려 저자의 의도 달리 저자의 생생한 리포트를 읽으면서 느낀 것은 '역사의 필연'이었다.

1989년 사회주의권의 변화는 필연이었다. 문제는 이 변화의 방향과 속도 그리고 주체였다. 집권층이 변화를 주도 혹은 통제할 수 있었다면 중국처럼 체제를 유지할 수도 있었을 것이다. 그러나 동독, 폴란드, 헝가리 등은 그리하지 못했다. 호네커가 병중이었다는 조건이 독일 통일의 유리한 조건이었음에 틀림없다. 그러나 호네커가 건강했다고 동독이 유지될 수 있었을까? 호네커가 중국의 천안

문 사태와 같은 진압을 꾀했다고 해서, 동독 체제를 유지시킬 수 있었을까? 아니었을 것이라는 것이 필자의 견해이다.

북한의 변화는 필연이다. 과거의 체제가 유지되기엔 너무도 많은 한계를 드러내고 있다. 문제는 그 변화를 김정은이 주도할 수 있느냐이다. 이에 대한 답은 부정적이다. 변화를 시도한다면, 앞선 김일성·김정일 체제를 완전히는 아니더라도 어느 정도는 부정하지 않을 수 밖에 없다. 그러나 김정은은 조금도 부정할 수 없다.

왜냐하면 김일성·김정일의 혈통이라는 점 이외에, 김정은이 가진 정치적 자산이 없기 때문이며, 따라서 김일성·김정일 체제를 조금이라고 부정한다면 이는 김정은 자신에 대한 전면적 부정이 될 수 밖에 없기 때문이다. 또 변화를 추구하기 위한 체제의 종심이 너무 짧다. 사실 동독은 사회주의권에서 가장 경제적으로 안정된 국가였다. 그런데도 서독의 구심력에 빨려 들어갔다. 그런데 북한이 김정은 체제를 유지하면서 개혁.개방을 할 수 있을까? 매우 부정적일 수 밖에 없다.

1989년 봄만 하더라도 독일 통일을 예상한 사람은 거의 없었다. 1989년 5월 미테랑 프랑스 대통령은 "내 생애에서 그런 일은 안 일어날 것"이라고 말했다. 미테랑 뿐만 아니었다. 당사자인 독일인들도 통일 가능성을 믿지 않았다. 아니 1980년대 대다수의 서독 대학생들은 동독인들을 같은 동족으로 간주하지 않는다는 보고서도 있었다. 그럼에도 불구하고 베를린 장벽은 1989년 11월에 무너졌으며 독일은 이듬해인 1990년 10월에 통일됐다.

역사의 부름에 대답한 콜 총리와 텔칙 보좌관

저자 메이어의 주장대로 독일 통일은 수많은 우연들이 결합된 결과였는지도 모르겠다. 그러나 분명한 것은 그러한 우연들 속에 독일 통일을 필연으로 믿고 이를 위해 헌신한 헬무트 콜 총리와 그의 보좌관 호른스트 텔칙이 있었다는 점을 저자도 부인할 수 없을 것이다. 네메스에게 '헝가리를 통한 대탈출로'를 제안하고, 또 이에 대한 대가로 경제원조 약속을 아끼지 않았던 콜 총리의 노력이 독일을 통일시킨 핵심적 우연이었다는 점이 이 책의 본문 속에서도 여실히 드러나고 있다.

분명 역사는 특정 개인의 노력만으로 이뤄지지 않는다. 그러나 문제는 '준비되지 않은 자'들에게 '역사의 필연'은 '우연'으로만 비춰진다는 점이다. '역사의 부름'(History's call)에 콜과 텔칙은 대답했다. 아니 텔칙은 역사가 부르기 전에 역사를 창조해 나갔는지도 모르겠다. 텔칙은 이미 오래 전부터 네메스 헝가리 총리를 비롯한 수많은 '인적 네트워크'를 준비하고 있었던 것이다. 이제 우리에게도 '역사로부터의 초대장'이 날라 왔다. 문제는 이 초대를 받아들일 주체가 준비됐느냐이다. 역사는 때로 은밀히 그리고 급작스럽게 다가온다. '등불'을 켜고 졸지 않고 있던 처녀들만이 그 잔치에 참여할 수 있을 것이다.

대한민국에서 보수주의자로 살아가기

제프리 하트의 〈미국 보수주의 마인드 만들기 - 내셔널리뷰와 그 시대 (American Conservative Mind-National Review and its times)〉를 읽고

"보수주의자라고요? 그렇게 보수적으로 보이지 않으시는데…"

"물론 그리 보수적이진 않습니다. 그러나 보수주의자입니다. 그리고 제가 상당히 사회적인 편인데, 그렇다고 사회주의자인 것은 아닙니다."

"네???"

지난 연말 30~40대 문화인들이 주축이 된 어느 송년 모임에 나갔다가, 〈미래한국〉 덕분에 필자는 보수주의자임을 '커밍아웃'해야 하는 상황에 놓이게 됐다. 미래한국에 실린 필자의 글을 읽은 몇몇 참석자들이 필자의 정치적 입장을 묻는 것이었다. (해외출장 가던 도중에 기내에서 우연히 미래한국에 실린 글을 읽게 됐다는 것이었다.)

"맞습니다. 보수주의자입니다"라고 입을 떼자 참석자들이 당황해

했다. 이 모임 참석자들은 결코 종북주의자 혹은 사회주의자들이 아니었다. 오히려 이들 대부분은 북한 체제에 대해 적대적이며, "아직도 마르크스-레닌주의를 신봉하는 덜 떨어진 놈들이 있어?"라는 입장을 취하고 있는 '평범한' 사람들이었다. 굳이 말하자면 자신들을 '리버럴'이라 규정하면서 정치 이야기보다는 문화·예술적 담론을 즐기는 이들이었다. 단지 이들에게 '보수주의자'라는 용어는 '김일성주의자'란 단어 못지않게 경악스럽고 흉물스러웠던 것이다.

멸종위기에 놓인 보수주의자들

이들은 필자가 보수주의자가 아닌 자유주의자라고 이야기해 주기를 은근히 기대하고 있었다. "자유주의라면 몰라도 보수주의자라니?" 화석이 아닌 살아 있는 공룡을 본 사람들의 표정을 보는 듯했다. 이날 커밍아웃한 사람은 필자 한 사람이 아니었다. 다른 한 참석자는 자신이 동성연애자임을 커밍아웃했다. 그러나 그 커밍아웃에 대해서는 '쿨'(cool)하다는 반응을 보였다. 그리고 '성적 소수자'를 탄압하는 사회를 규탄하기 시작했다. 그러다가 갑자기 생각난 듯 일제히 필자를 쳐다보는 것이었다. 분위기가 썰렁해졌다.

필자가 "지금 탄압받는 것은 성적 소수자가 아니라 멸종위기에 있는 보수주의자입니다"라고 외치니 참석자들은 일제히 웃음을 터뜨렸다.

최근 한나라당 비대위를 둘러싸고 말이 많다. 특히 '보수'란 용어를 정강정책에서 삭제해야 한다는 주장에 대해 격앙된 목소리를 높이는 보수우익인사들이 많다. 필자도 분노했음은 물론이다. 머리만 기대도 5초안에 잠드는 필자가 잠자리를 뒤척거릴 정도였다. 그러나 이해 안 되는 바도 아니었다. 보수란 용어 자체에 알레르기 반응을 일으키는 대중적 분위기 속에서 보수란 용어를 지키는 것이 그리 쉽지 않기 때문이다. 80년대 한국 공산주의자들이 "좌경·용공 조작·매도하지 말라"라고 외쳤던 사실이 생각날 정도였다.(공산주의자들을 좌경 혹은 용공이라고 말하는 것은 '매도' 였는지도 모르겠다!) 전술적 차원에서 보수라는 용어를 사용하지 말자는 주장이 일리가 있다고 생각될 정도이다.(문제는 과연 현재의 논쟁이 '전술적 차원' 인가이다.)

'아버지를 아버지라, 형을 형이라 부르지 못하는 세상'이라는 홍길동의 한탄이 요즘 우리 보수주의자들의 현실이라면 지나친 자학일까? 현재 보수주의자 하면 '기득권 수호세력' 혹은 '말이 안 통하는 권위주의적 꼰대'를 떠올리고 있다. 그러나 '사회적인 사람'이 '사회주의자'인 것은 아닌 것과 마찬가지로, '보수적인 사람'이 반드시 '보수주의자'인 것은 아니다. 아니 '보수주의자'라고 해서 반드시 '보수적인' 것도 아니다.

우리가 'XX주의'(-ism)라고 말할 때 우리는 그 용어 사용에 주의해야 한다. 'XX주의'가 될 경우 그 용어는 복잡한 정치철학적 의미를 함축하고 있기 때문이다. 예를 들어 어떤 사람이 실용적이라고 해서 실용주의(pragmatism)의 신봉자는 아닌 것이다. 정치철학으로서의 실용주의는 '절대적 가치' 혹은 '진리'를 부정하는 철학이다. 따라서 영구불변의 진리를 믿는 종교인이 자신을 실용주의자라고 말하는 것은 자기모순적 표현이 될 수 밖에 없다. 또 '이즘'은 학문분야에 따라 다른 의미를 지니기도 한다. 현실주의(realism)의 경우 국제정치학에서 말하는 현실주의와 예술에서 말하는 현실주의는 사실상 아무런 연관을 찾아보기 힘든 개념들인 것이다.

정치이념으로서의 보수주의

그럼 '정치 이념'으로서의 보수주의는 무엇일까? 과연 보수주의는 아직도 유효한 정치 이념이자 도구가 될 수 있는가? 이러한 질문들에 답하기 위한 지적 모색의 일환으로 제프리 하트의 〈미국 보수주의의 마인드 만들기〉(The Making of the American Conservative Mind - National Review and Its Times)란 책을 읽어 보았다. 이 책은 부제 '내셔널리뷰와 그 시대'가 말해주는 것처럼, 미국의 격주간 보수주의 정론지 〈내셔널리뷰〉의 역사를, 내셔널리뷰가 제기하고 선도해 간 미국 보수주의의 담론들을 중심으로 서술한 책이다.

내셔널리뷰는 1955년 미국의 좌익적 리버럴의 지적·문화적 헤게모니에 맞서 싸우기 위해 '미국 보수주의 대부' 윌리엄 버클리가 창간한 잡지이다. 이 잡지가 타깃으로 삼은 독자는 '교양 있는 미국인'이었다. 그리고 목표는 '경향으로서의 보수주의'를 이념(ideas)과 운동(movement)으로 전환시키는 것이었다. 그리고 주된 전선이 '정치'임을 망각하지 않으면서도, 주요한 고지 쟁탈전은 '문화와 예술'영역에서 이뤄진다는 사실을 강조하고, 또 실천했다.

우선 이 책에서 다룬 현대 보수주의의 내용을 정리해 보자. 우선 보수주의는 기득권 수호 혹은 과거에 집착하는 전통주의(traditionalism)와는 다른 정치철학이라는 점을 강조하고 있다. 내셔널리뷰는 자신의 이익도 지킬 능력도 신념도 없는 미국 기득권층의 리버럴리즘을 '자살적 무능력'이라고 비판했다. "기득권 엘리트들은 통치할 용기를 상실한 채 허위의식에 사로잡혀 좌익들에게 아부하고 심지어는 동조하고 있다"는 것이었다. 또 철학도 이념도 없이 과거에만 매달리는 전통주의자들은 대중 설득 구조를 상실하면서 보수주의 운동을 이끌 동력을 상실했다는 것이다.

이러한 바탕 위에서 보수주의를 다음과 같이 개념 규정하고 있다. 첫째, 불완전한 인간관에 기초하고 있다. 인간은 천사도 악마도 아닌 불완전한 존재이며, 결코 완벽한 인간은 존재하지 않으며, 존재할 수도 없다.(있다면 '신' 이다!) 따라서 이러한 인간이 지상천국을 건설한다는 것은 망상이며, 이러한 유토피아주의는 항상 '현실의 지옥'을 만드는 데 기여할 뿐이다.

둘째, 인간 인식론의 한계를 인정한다. 미신적 몽매주의에 반대함과 동시에, 이성의 과도한 신뢰에 바탕 한 지적 오만에 대해서도 경계한다. 현실에 모든 사실을 인식할 수 있으며, 이를 기초로 사회를 '디자인'할 수 있다는 사회공학적 지적 교만에 대해 반대하고 있는 것이다. 사회공학자들은 인간을 실험용 생쥐 삼아 실험을 거듭한다. 그리고 실패해도 책임지지 않고, 또 다른 실험을 추구할 뿐이다. 마오쩌둥의 문화혁명 등이 대표적 예이다. 따라서 선부른 검증되지 않은 가설보다는 오랜 역사 동안 집단적으로 축적되고 경험에 의해 검증돼 온 지적 유산에 대해 신뢰를 표한다.

한국의 '참보수주의'운동을 주창함

셋째, 헌정적 민주주의(constitutional democracy)를 신봉한다. 주권이 국민에게 있고 '다수의 통치' 이념이 '소수 독재'보다 우월하다, 그러나 다수의 의견에 의해 좌지우지될 수 없는 그리고 신 혹은 자연이 부여한 '뺏을 수 없는 권리'가 인간에게 있다고 믿는다. 그리고 이러한 권리로 생명, 자유, 행복 추구권, 재산권 등이 있다. 이러한 점에서 다수의 폭력을 신봉하는 '민중 민주주의'와 절대적 가치를 부인하는 '문화적 상대주의'에 반대한다.

넷째, 시장 자유주의야말로 가장 효율적일 뿐만 아니라 개인적 자유와 헌정적 민주주의를 보장하는 경제 체제이다. 19세기 고전적 자유주의는 20세기 후반 들어 보수주의에 한 기둥으로 용해됐다. 시장과 자유, 그리고 개인이 주된 개념이라는 점에서 현대 보수주의는 과거 전통주의와 구별된다.

다섯째, 앞의 내용을 담보하는 '정치적 공동체'에 대한 의무와 헌신이 중요하다고 생각한다. 이 지점에서 현대 보수주의는 무정부적 자유지상주의와 구별되며, 또 무원칙한 코스모폴리타니즘에도 반대한다. 현 단계에서 국가는 현실적인 실체이며, 이 실체를 통해서만 자유와 질서를 담보할 수 있다고 믿는다. 따라서 애국과 안보는 보수주의자들의 중요한 덕목이다.

내셔널리뷰의 '미국 보수주의 마인드 만들기'는 결코 쉬운 과정이 아니었다. 좌익과 리버럴로부터 '매카시주의자'라는 욕설(?)을 들어야 했으며, 미국 아이비리그 대학 강단에서 박해를 받아야만 했다. 또 좌우편향과의 사상투쟁도 만만치 않았다. 존 버치협회를 중심으로 한 극단적 음모론주의자들과 싸우는 한편, 국가와 전통적 가치를 전면 부정하는 무정부적 자유지상주의자들과도 투쟁해야 했다. 또 무엇보다도 '현실정치와의 끊임없는 조우'에서 나타나는 전술적 갈등이 내셔널리뷰 내부의 불화를 만들어 내기도 했다. 그러나 내셔널리뷰의 '실천하는 보수주의' 철학은 계속됐으며, 오늘날 미국 토양에 굳게 뿌리내리게 됐다. 한국에서의 '참보수주의'(true conservatism)운동은 어떻게 실현되고 실천될 것일까? 〈미래한국〉이 한국의 〈내셔널리뷰〉를 자임한다고 한다면 지나친 오만일까?

413호 2012.1.30~2.12

평등주의가 장악한 세상, 그 악몽…

아인 랜드의 〈**아틀라스(Atlas Shrugged)**〉를 읽고

1992년 1월 러시아 상트 페테르부르크의 한 식료품 가게 앞. 달걀을 사기 위한 긴 줄이 늘어서 있었다. 당시 소련에서 생활필수품을 구매하려면, 일명 '탈론'이라 불리는 배급표가 있어야 했다. 신분과 직업에 따라 차이가 났는데 일반 사무원이나 대학교원의 경우 성인 1인당 한 달에 달걀 10개, 보드카 1병, 담배 10갑 등이었다. 돈이 있어도 배급량 이상을 구입할 수 없게 돼 있었다. (물론 암시장이나 '베료쉬카' 라 불리는 외화상점에 가면 됐다!)

20년 전 러시아 달걀 배급소에서 생긴 일

정말 긴 줄이었다. 구불구불 이어진 줄은 끝이 보이질 않았다. 이날따라 날씨도 유독 춥게 느껴졌다. 거리의 수은주는 영하 25도를

가리키고 있었다. 사실 러시아 겨울치고는 그렇게 추운 날씨는 아니었지만. 한 3시간 쯤 줄서 있었더니, 차례가 다가왔다. 그런데 달걀이 얼마 남지 않은 것이었다. 앞에 줄 선 사람 수를 헤아려 보았다. 내 차례까지 올까? 심장이 뛰는 소리가 커져만 갔다. 다행히 달걀 10개를 손에 놓을 수 있었다. 내 뒤에 두 세 사람 정도 더 받을 수 있었던 것으로 기억한다. 그 뒤에 줄 서 있었던 러시아 할머니들의 눈에 눈물이 괴는 것을 볼 수 있었다. 우리 같으면, 소리라도 질렀을 텐데… 벙어리 털장갑 낀 손으로 눈물을 훔치면서, 각자의 길로 총총히 사라지는 것이었다. 이 할머니들 가족들은 앞으로 한 달 동안 달걀을 먹을 수 없게 된 것이다. 한 할머니의 깊게 파인 눈을 지금도 잊을 수 없다. 망연자실? 이 정도로는 부족한, 뭐라고 표현해야 될지 모르는 눈물 고인 푸르디 푸른 그 눈을.

재미(?) 있는 것은 달걀 못 받은 할머니들에 대한 동정은 정말 잠시였다는 점이다. 솔직한 심정은 환희였다. 나는 달걀을 받았던 것이다! 그러나 그 기쁨도 정말 잠시였다. 아뿔싸! 들떠서 걸음을 옮기던 중, 빙판에 미끄러져 달걀을 모두 깨트려 버렸던 것이다. 기숙사로 돌아와 화장실에서 필터 없는 담배 1개비를 입에 물고 불을 붙이니 눈물이 나왔다.

20년 전의 일이 갑자기 떠 오른 것은 이번 구정 연휴 기간 동안, 아인 랜드의 〈아틀라스〉(Atlas Shrugged)라는 소설을 읽은 덕분이었다. 미국에서 성경책 다음으로 많이 읽혔다고 알려진 이 책은 무려 1,170페이지에 달하는 장편소설이었다. 처음에는 다소 지루한 느낌도 없지 않았다. 그러나 100페이지를 넘어서자 책을 손에서 놓을 수 없었다. 연휴가 끝난 뒤에도 계속 손에 들고 다니며 틈만 나면 읽었다. 27일 새벽에나 손에서 놓을 수 있었다. 소련 사회주의에서의 개인적 경험과 이 책이 묘사한 상황이 어쩌면 그렇게 똑 같은지?! 저자 아인 랜드가 러시아 태생으로서 소련 사회주의를 경험한 뒤 미국으로 망명한 경험을 가졌기 때문이 아닐까?

이 책은 평등주의적 포플리즘이 사회와 대중을 장악해 버린 상황이 얼마나 비극적인지를 적나라하게 보여주고 있다. 잘 나가던 기업들이 차례로 도산되는 장면에서, 평등주의의 진정한 피해자는 평등주의자들이 말하는 '착취자'가 아니라, 오히려 이들이 보호하려 한다는 '근로대중'이라는 사실을 잘 보여주고 있다. 또 진짜 '약탈자'는 기업인이 아니라 아무 것도 생산하는 것이 없이 자본주의 경제에 빨대를 꽂고 기생하면서도 이른바 '공익 추구'만을 외치는 무능한 정치인과 관료, 그리고 이들을 이념적으로 뒷받침해 주고 있는 이데올로그들이라는 사실을 폭로하고 있다. 특히 이러한 체제 붕괴에 따른 안전 시스템 부재로 인해 터널 붕괴가 발생, 열차 승객이 몰살당하는 장면에서 이러한 체제가 들어서도록 묵인 방조한 대중들에게도 책임이 있다고 저자가 싸늘하게 묘사하는 부분에서는 전율이 느껴졌다. 한 프랑스 영화가 생각나기도 했다. 일군의 프랑스인들이 독일 게쉬타포에게 처형장으로 끌려가고 있었다. 한 젊은이가 외쳤다. "전 아무 일도 하지 않았어요"라고. 이때 옆에 있던 중년의 신사가 이야기했다. "바로 당신이 아무 일도 하지 않았기 때문에, 우리가 죽으러 가는 거요"라고.

이 소설의 줄거리는 조금 황당해 보이는 이야기로 전개된다.(이 소설을 원작으로 한 영화는 '미스터리 공상과학 영화' 로 분류돼 있었다!) 생산 없는 분배를 추구하고 경제발전을 뺀 평등주의가 판치며 개인의 자유와 책임이 실종되자 사회는 건잡을 수 없는 혼란에 빠진다. 이러한 혼란을 극복하고자 포퓰리즘 정부가 조치를 취하지만 잘못된 진단에 의한 포퓰리즘 정부의 잘못된 대응은 경제와 사회를 더욱 절망으로 빠뜨린다. 이러한 상황에서 새로운 희망이 나온다. 바로 개인의 자유와 권리를 되살리고 집단주의에 맞서 투쟁하기 위해 주인공 '존 골트'를 중심으로 창조적 기업인들과 지식인들이 파업을 주도하는 것이다.

재벌 해체론과 매수 타락론

요즘 좌익진영은 물론 한때 보수야당이었던 세력들조차도 '재벌 해체'를 입에 달고 다닌다. 이미 좌익 싱크탱크에서는 미국의 반독점법인 서먼법과 이를 기초로 한 록펠러 석유기업 '스탠더드오일'의 해체 사례 등을 연구 중인 것으로 알려지고 있다. 이들에 의하면, 재벌 해체는 이제 더 이상 단순한 '구호'가 아니라 대중의 정서에 기초한 '현실'이라는 것이다. 그러나 이에 대한 대기업의 대응은 안이해 보인다. 우선 '설마'하는 것이 이들의 입장이다. "김대중 노무현 때도 잘 견뎠는데…"라며, 이른바 '매수 타락론'을 운운하는 하는 사람도 있다. 매수 타락론이란 '돈 맛을 알면 변한다'는 논리로서 좌익이 집권하면 이들을 적당히 '타락'시키면 된다는 것이다. 아니 이미 이를 위한 기초작업에 돌입한 기업들도 있는 것으로 보인다. 어떤 대기업 간부가 야당 의원 보좌관 출신들을 특채해 '줄대기'에 나서고 있다는 식의 이야기는 여의도에서는 이미 뉴스도 아니다.

보수진영의 부담 중의 하나는 재벌을 옹호한다는 편견이다. 아인랜드의 책에서도 잘 묘사돼 있듯이 모든 대기업이 시장 옹호자인 것은 아니다. 아니 오히려 일부 대기업은 정부와의 야합을 통해 시장이 아닌 독점을 통해 '기생 이윤'을 창출하려 시도한다. 이 경우 이들의 주된 활동은 시장에서의 경쟁이 아닌 정치에 '빨대꽂기'인 것이며 이는 우리 보수주의자들의 시장 옹호 가치와 정면으로 충돌하는 것이다. 더욱 큰 문제는 박원순의 참여연대 사례에서 보여주는 것처럼 '협찬'이라 불리는 '삥' 뜯기기의 결과가 자신들의 도살자를 양육시킬 뿐이라는 사실을 깨닫지 못하고 아직도 이른바 '길들이기'에 희망을 품고 있는 순진한 사람들이 있다는 점이다.

414호 2012.2.13~2.26

유대인의 창업정신, 우리의 정치 과잉

덴 세노르·사울 싱어 共著, 〈**창업국가(Start-up Nation)**〉를 읽고

몇 해 전 네덜란드를 방문해 거리를 산책하다가 한 박물관을 우연히 보았다. 일본 도자기 박물관이었다. 호기심에 들어가 보니 엄청난 양의 도자기가 진열돼 있었다. 주로 17세기 일본에서 제작된 것들이었다.

도자기에 대한 지식이나 심미안을 갖추지 못한 필자에게 진열품들은 그저 그래 보였다. 최소한 고려청자나 조선백자 보다 뛰어나다는 느낌을 받을 수 없었다. 그런데 유심히 살펴보니 대부분의 도자기에 기독교 성화(聖畵)가 그려져 있는 것이었다. 박물관 안내책자에 적힌 내용을 보니 17세기 일본이 유럽 수출품으로 제작된 것이었던 것이다. 일본은 이미 17세기에 유럽 수출용 도자기를 만들고 있었던 것이다.

우리는 일본 도자기 기술은 임진왜란 때 끌려간 조선 도공(陶工)들

에 의해 전수된 것이라고 배우면서 민족적 자부심을 느끼곤 한다. 그리고 현재 유명 일본 도공이 당시 끌려간 조선 도공의 후손이라는 사실에 긍지를 느끼기도 한다. 그런데 왜 우리는 그 우수한 도자기 기술을 제대로 계승하지 못했을까? 일본에서는 수백년 된 도자기 명문 가문(조선 도공의 후예)이 존재함에도 불구, 우리나라에는 그러한 가문이 명맥도 제대로 유지하지 못하고 있을까?

이러한 의문에 한 도예가는 이렇게 말했다. 갑오경장이 실시되자 많은 도공들은 자식들에게 노잣돈을 주면서 "빨리 이곳을 떠나라. 그리고 앞으로 절대로 도자기에 대해서는 입도 뻥긋하지 말라"고 했다는 것이다. 그리고 임진왜란 이후 평화협상을 위해 사명대사가 일본을 방문했을 때 가족을 두고 온 나이든 도공들은 조선으로 돌아왔지만 그렇지 않은 젊은 도공들은 스스로 일본에 남기를 원했다는 것이다. 신분상 천민으로 양반들에게 멸시당하고 경제적으로도 빈곤한 조선 도공으로 돌아가느니 일본 다이묘(영주)들에게 존중받고 부를 누릴 수 있는 일본 도공으로 남기를 원했다는 것이다.

이스라엘 비즈니스계의 최고 인맥은 軍 부대

도공 이야기가 떠오른 것은 최근 읽은 〈창업국가〉 덕분이다. 이 책은 자원도 없고 항상 안보 위협에 시달리는 이스라엘이 어떻게 경제 기적을 만들어 냈는가에 관한 이야기이다. 흔히 이스라엘 유대인 하면, 높은 교육열과 높은 수준의 인적자원에 대해 떠올리곤 한다.

그러한 민족적 특성이 없는 것은 아니다. 그러나 이 책이 강조한 것은 이러한 인적자원과 창의성이 발휘될 수 있는 '환경시스템'(ecosystem)이다. 기업가 정신과 기술혁신을 장려하는 정치·경제 체제와 이를 수용하는 문화·이데올로기적 가치체계가 존재해야만 창의적 개인들이 기업가 정신을 발휘, 기술혁신과 경제개발을 이룩해 낼 수 있다는 것이다.

〈창업국가〉는 21세기 이스라엘 경제를 떠받치고 있는 이스라엘 벤처기업들의 창업정신과 그 성장에 대해 이야기하고 있다. 구글 검색엔진을 만드는 데 이스라엘 성경 색인 학자가 개발한 '예측 검색' 기술이 결합됐다는 이야기, 전기 자동차를 현실화시키는 데 있어서 방전 시 전기충전 문제가 가장 심각한 장애의 하나로 떠오르자 전투기 조종사 출신이 전투기의 무기장착 원리를 이용해 전기 자동차 배터리를 교환했다는 이야기 등 매우 역동적이면서도 기발한 아이디어들이 만발하는 모습을 볼 수 있다.

이러한 모습 속에서 흔히 '혁신'과 '창의'를 '파괴'와 '부정'으로 오인하기도 쉽다. 그러나 깊이 들여다보면 '혁신'은 무(無)에서 나오는 것이 아님을 알 수 있다. 이스라엘은 '경전의 백성'이다. 고전에 대한 깊은 이해와 이를 바탕으로 한 폭넓은 사유 구조가 창의력의 바탕이 된 것이다.

더욱 주목해야 할 사실은 이스라엘의 창업정신의 기초가 군대에서 나왔다는 점이다. 이스라엘 벤처 창업기술 대부분이 군사기술을 민간부문에 응용하는 과정에서 나오고 있다. 그리고 단순히 기술만의 문제가 아니다. 군대 지휘관 경험, 특히 실전 전투 경험을 통해 뛰어난 조직력과 판단력을 몸에 익힌 젊은 예비 기업가들이 대량으로 배출되고 있다.

또 3년(여자는 2년)의 군대 복무기간과 20년에 걸친 예비군 생활을 통한 인적 유대가 이스라엘 비즈니스 인맥의 가장 중요한 요소가 되고 있다. 다시 말해 이스라엘에서는 어느 학교를 나왔느냐가 아니라 어느 부대에서 근무했느냐가 비즈니스 인맥에 가장 중요한 요소이다.

실제로 현재 이스라엘 비즈니스계의 가장 중요한 인맥은 '탈피오트'란 특수부대 출신인데 훈련기간만 41개월이고 이후 최소 6년을 복무해야 하기 때문에 총 9년 이상을 복무해야 하는 부대이다. 그런데 이 부대 출신들이 이스라엘 기업계를 장악하고 있으며 벤처기업가로 성공하기 위해서는 이 부대를 나와야 한다는 말이 있을 정도이다. 군 복무 기간을 '썩는 기간'으로만 생각하는 우리의 문화 환경과는 너무 다른 모습이다.

빅 데이터 시대, 우리는 당파싸움에 몰두

최근 다보스포럼의 핵심 키워드는 빅 데이터였다. 빅 데이터를 분석해 상황을 예측하고 그에 맞도록 행동하는 기업과 기관만이 살아남는다는 것이다. 문제는 이러한 세상의 변화에 우리는 너무나 안이하다는 점이다. 주요 언론도 이러한 문제에 별로 관심을 쏟지 않는다. 조선시대 당파싸움을 연상하는 악무한적 흠집잡기와 '정치 과잉'에 시달리고 있을 뿐이다.

기업가와 기술, 그리고 무(武)를 천시하던 조선은 변변한 싸움조차 하지 못한 채 망하고 말았다. '부(富)를 경멸한 위선적 사고'가 조선을 식민지로 전락시켰던 것이다. 48년 건국 이후 대한민국은 전쟁을 거치면서 야성을 회복하기 시작, 숭무정신을 갖추기 시작하고 창업정신으로 기업을 일궜다. 그 결과 오늘날의 대한민국을 만들 수 있었다.

유대인들은 뛰어나다고 한다. 그러나 '순한 양떼'(다른 사람에게는 '문약한 수전노')와 같았던 이들은 저항도 하지 못한 채 강제 수용소로 끌려갔다. 그런 유대인들이 1948년 건국 이후 변하기 시작했다. '중동의 군사 깡패'로 불릴 정도로 강한 전사(戰士)로 재탄생된 것이다.

그리고 그러한 기질을 바탕으로 '벤처 선진국'을 만들어 나가고 있다. 지금까지의 대한민국과 유사한 점이 많다. 그런데 우리는 어느덧 '배부른 돼지'로 전락된 측면이 없지 않다. 그리고 그동안 변방으로 밀려 있었던 '수구 양반 세력'이 '진보'란 가면을 쓰고 다시 사회 전 분야를 장악하기 위해 전면에 나서고 있다.

이들에게 있어서 기업이란 건설하고 가꿔야 할 대상이 아니라 '약탈품' 혹은 '전리품'일 뿐이다. 이런 '환경'에서 기업가 정신을 이야기 한다면 너무나 현실을 모르는 자의 넋두리가 될는지…

415호 2012.2.27~3.11

'포스트팩트'시대, 죽은 노무현의 천하삼분지계(?)

파라드 만주의 〈**이기적 진실(True Enough)**〉을 읽고

死武鉉走生明博(사무현주생명박). 한학(漢學)에 조야가 깊다고 자처(?)하는 한 지인이 현 정세를 표현한 것이라면서 이 같은 휘호를 보내왔다.

그 뜻을 새길 수 없어 고민하다가 결국 전화로 그 의미를 물었다. 그랬더니, 사공명주생중달(死孔明走生仲達), 즉 '죽은 공명이 산 중달을 도망치게 한다'라는 삼국지에 나오는 문구를 빗댄 것이라는 답변을 들을 수 있었다. 그때야 비로소 '아하'하면서 무릎을 쳤다. '죽은 노무현이 산 이명박을 도망치게 한다'는 것이었다.

제갈공명은 천하삼분지계(天下三分之計)를 통해, 유비로 대변되는 한(漢) 황실을 재건할 수 있었다. 소설이며, 주자학적 세계관이 반영된 〈삼국지연의〉에서는 유비 진영을 정통으로 간주하나, 조조로 대변되는 신흥세력이 중국사의 정통이라는 것이 정사(正史)의 입장이다.

'형수와 잔 자라도 능력 있으면 발탁한다'는 조조의 인재선발원칙이 잘 보여주듯, '난세의 영웅' 조조는 유교적 명분론자가 아니라 실용적 현실주의자였다.

농지개혁을 기반으로 구축한 청주병(兵)과 북방유목민족 출신의 기마대를 결합시킨 조조 군단은 무적이었다. 유학자 일부가 저항을 시도해 보았지만, 이미 시대적 대세는 조조 측으로 기운 것 같았다. 이런 상황에서 제갈공명은 양자강 이남의 강력한 토호세력 손권과 손을 잡고 조조 세력의 남진을 저지시킨 다음, 천하를 셋으로 나누어서 병립시키는 구도를 만들어 냈던 것이다.

수구적 명분론이 장악한 '진보'와 밀려나는 호남 보수

우리나라에서 일어난 일이다. 박정희로 대변되는 '상놈세력'(?)이 정치 경제 권력을 장악했다. 명분론적 양반세력이 저항해 보았지만, 권력을 탈환해 올 수는 없었다. 낡은 수구적 명분론으로 근대화 세력을 이길 수는 없었던 것이다.

더욱이 이들 양반세력은 토지개혁과 6·25전쟁으로 경제적 기반을 사실상 박탈당한 상태였다. 이에 일부 양반세력이 근대화 진영에 합류하기도 했다. 그러나 이들 가운데 많은 사람들 조차도 명분론적 세계관에서 벗어나지 못했으며, 자신의 정통성을 스스로 부인하는 '인지부조화(認知不調和, cognitive dissonance)'에서 빠져 나오지 못했다.

정치 경제적 권력을 박탈당한 양반세력이 할 수 있는 일 중의 하나가 서원(대학)으로 들어가는 것이었다. 이들은 이곳에서 장기간 문화·이데올로기 투쟁을 전개한다. 그리고 '젊은 두뇌와 심장'을 사로잡는 데 성공했으며, 결국 젊은 유생들이 '진보'라는 간판을 걸고, 근대화 세력과 그 성과를 전면 부인하기에 이른 것이다.

'천하삼분지계책'게도 이뤄졌다. 조조 군단이 적벽에서 대패한 후 양자강을 건너지 못한 것처럼, 87년 이후 이른바 보수우익은 호남지역으로 진출할 엄두도 내지 못했다. 유비가 손권과의 동맹을 통해 조조를 저지하고 촉나라를 건설했듯이, 이른바 진보좌익은 호남을 '군은자'로 삼은 채 부산 경남 공업벨트를 공략해 나갔다.

그리고 마침내 부산 경남 지역에 교두보를 확보해 내는 데 성공하기에 이른 것이다. 단 현대판 유비 진영은 손권 세력을 물리치고, 사실상 오나라 지역을 장악해 버렸다. 호남을 지역 기반으로 했던 정통보수야당 세력은 이들에게 주인 자리를 물려 준 채 소멸되고 있다.

여러 생각이 교차하는 가운데, 〈True Enough〉란 책을 읽었다. 책 제목을 뭐라고 번역해야 할는지를 잘 몰랐다. 그러나 〈이기적 진실〉이라고 번역 출판된 사실을 알게 됐다. 오히려 '포스트-팩트 사회에서 사는 법 배우기'(Learning to Live in a Post-Fact Society)란 부제가 책 내용을 더 명확히 해 주고 있다.

현대 정보화 사회는 정보의 '부족'이 아닌 '과잉'으로 고통을 받고 있다. 무엇이 진실(truth)인지는 둘째치고라도 무엇이 사실(fact)인지 자체가 불투명한 사회인 것이다. 광우병 사태와 최근 한미 FTA 논쟁에서 보여주듯 온갖 괴담이 난무하고 있다. 또 김대업이란 사기꾼에 의해 대한민국 대통령 선거가 좌지우지되기도 했다.

최근 보수진영 인사들은 "어떻게 저런 거짓이 통용되는지 모르겠다"는 이야기를 자주 한다. 이 책은 이 질문에 일정 정도 답변해 주고 있다. 사람들이 접하는 정보는 '객관적 현실'이 아니다. 사람들은 일단 정보에 선택적으로 노출된다. 자신의 성향과 맞는 정보만을 접하기 쉽다는 것이다. 즉 조선일보 독자와 한겨레 독자는 이미 다른 정보에 노출돼 있는 것이다.

또 같은 정보를 접한다 해도 정보를 선택적으로 인식한다. 사람은 자신이 아는 만큼, 또 알기 원하는 만큼만 보고 알게 된다는 것이다. 더 나아가 이미 뉴스에서의 객관성 시대는 종말을 고하고 있다. '언론의 당파성'이 시대적 흐름이 되고 있는 것이다. 이러한 배경에서 잘 조직화된 소수에 의해 사기 혹은 조작이 가능해지고 있는 것이다.

조직화된 소수에 의한 사기와 조작

솔직히 넘치는 정보 속에서 일일이 팩트를 확인하지 못했다고 대중을 야단치는 것은 불가능한 것을 하지 못했다고 화내는 것과 같은 일 일는지도 모른다. 사실 현대인은 팩트 자체가 불투명한 '포스트 팩트' 시대에 살고 있다. 그렇기에 이른바 '전문가'의 견해가 대중의 팩트 인식에 중요한 역할을 차지한다. 문제는 '거짓 전문가의 숭배'(the cult of fake expert)이다.

개그맨이 전문가를 대체하는 현상마저 나타나고 있다. 미적분 문제를 놓고 개그맨과 정통 수학자가 TV 토론한다면 누가 이길까? (필자는 개그맨에게 한 표) 사실 '나꼼수'와 같은 하수도 문화는 어느 사회에나 있다.

문제는 이러한 현상이 주류가 되고 있다는 사실이다. 더욱 우려스러운 것은 기존 주류사회 혹은 보수우익진영이 '메시지'에 앞서 '메신저' 문제에서 지고 들어가고 있다는 사실이다. 바로 '메신저' 문제를 해결하지 못하는 한, 대중에게 올바른 메시지를 전달할 수 없다.

사실 이 책의 저자의 견해에 동의할 수 없는 내용도 많다. 저자 만주는 다분히 '미국식 리버럴'이다. 또 문제의 본질을 기술로 환원시키는 경향이 없지 않다. 그러나 '이기는 기술'도 배워야 할 것 같다. 적어도 삼국시대 이후 시대가 북방 민족의 남하로 인한 '5호16국 시대'로 전환되기를 원하지 않는다면 말이다…

416호 2012.3.12~3.25

내가 만난 푸틴, 그가 이끄는 러시아호

에드워드 루카스의 〈**신냉전(The New Cold War)**〉을 읽고

1992년 11월 러시아 상트 페테르부르크시(市) 네프스키가(街)에 위치한 리테라투라 카페. 도스토에프스키, 체호프 등이 자주 들렀다고 전해지는 이 고풍스러우면서도 아담한 레스토랑에서 한국인 2명과 러시아인 2명이 식사를 하면서 러시아의 비즈니스에 대해서 이야기를 나누고 있었다.

한국인은 필자와 K씨였고 러시아인은 콤소몰(공산청년동맹) 간부 한 사람과 상트 페테르부르크시 대외위원장이었다. 당시 K씨는 러시아에 기업을 등록시키고자 뛰어 다니고 있었는데 가는 관청마다 자기 관할이 아니라며 핑퐁을 쳐대는 바람에 애를 먹고 있었다. 이때 필자가 알고 지내던 콤소몰의 한 간부가 문제를 해결해 줄 사람을 소개해 주겠다고 해서 이날 저녁식사 자리가 마련됐던 것이다.

소개받은 러시아인은 한 눈에 봐도 운동으로 단련된 몸이라는

것을 알 수 있을 만큼 다부진 체격을 가지고 있었고, 똑바로 마주 보기 힘들 정도의 강력한 눈빛의 소유자였다. 그는 술을 전혀 입에 대지 않았고 한국인 사업가 K씨가 러시아 사업에서 부딪히는 어려움에 대해 이야기할 때마다 귀를 기울이며 메모를 했다.

식사가 끝나자 이 러시아인은 "기업등록은 내가 해결해 주겠다"면서 자리에서 일어났다. 질펀한(?) 술자리를 만들려던 우리의 음모는 완전히 무산됐다. 심지어 계산도 더치페이로 하는 정말 '비(非)러시아적' 상황이 벌어졌다.

푸틴과 저녁식사를 하다

이후 K씨는 '다산 인터내셔날'이라는 '100% 외국인 지분의 러시아 기업'을 상트 페테르부르크시에 등록할 수 있었는데 이 등록증의 서명자가 바로 함께 식사했던 러시아인, 블라디미르 푸틴이었다. 이후 러시아 대통령이 된 당시 푸틴 시(市)대외위원장에 대한 첫 인상은 존경스러운 것이었다. 부패와 책임 회피가 만연한 러시아 관료주의 사회에 저런 인물이 있다니! 술과 식사 대접도 거부할 정도로 청렴하면서도 신속하고 정확하게 처리하는 업무능력에 감탄했다.

그후 푸틴은 대우그룹 초청으로 한국을 방문한 적이 있다. 당시 대우에서 러시아인들을 한국으로 초청, 견학시키는 프로그램을 진행하고 있었는데 상트 페테르부르크 인사 가운데에서 이 프로그램에 참여할 사람을 추천해 달라는 의뢰를 받아 필자가 푸틴을 강력 추천했던 것이다.

이후 푸틴이 국가지도가가 된 후 먼발치에서나마 직접 다시 볼 수 있었던 것은 1999년 8월 제2차 체첸전쟁이 발발했을 때이다. 40대의 젊은 총리가 전투복을 입고 전투 현장에서 직접 독전하고 있었다. '정치쇼'적 측면이 없었던 바는 아니지만, 혼란과 무질서에 시달리고 있었던 1990년대 러시아인들에게, 특히 술에 찌든 '종합병원' 옐친 대통령의 노년기 무력감에 좌절하고 있던 러시아 젊은이들에게 '강한 러시아 재건'을 부르짖으며 전선을 누비는 근육질 사나이의 모습은 충분히 감동적이었다.

러시아군도 제1차 체첸전쟁 당시의 오합지졸이 아니었다. 징집병 위주로 구성됐던 제1차 체첸전쟁 당시의 러시아군과 달리, 직업군인 위주로 편성된 제2차 체첸전쟁에서의 러시아군은 전혀 다른 모습을 보여 주었다. 결국 다게스탄을 침공했던 체첸군은 격퇴당하고 자신들의 근거지인 남부 산악지대로 퇴각해야만 했다. 푸틴은 국민적 영웅으로 부상됐다. 그리고 이듬해 대통령에 당선된다.

푸틴에 대한 평가는 긍정과 부정으로 크게 엇갈린다. 푸틴 옹호론자들은 푸틴의 최대 공적으로 '혼란과 무질서의 시대'인 1990년대를 극복한 점을 거론한다. 1990년대 러시아는 '혼돈' 그 자체였다. 경제가 엉망인 것은 물론, 기본적 치안질서마저 부재한 상황이었다. 그리고 이른바 '마피아의 천국'이었다. 그런데 푸틴이 집권하면서 러시아는 안정을 되찾기 시작했으며, 경제도 상승곡선을 그려

나갔다. 즉 망해가고 있던 러시아를 부흥시킨 인물이라는 것이다.

소련식 패권주의의 부활 예고

그러나 반대 입장도 만만치 않다. 루카스의 〈신냉전〉이 바로 반대 입장의 대표적 예이다. 지난 2000년대 러시아의 경제성장이라는 것은 고유가 덕분이며, 러시아 경제는 석유 및 천연가스에 의존하는 '저개발 산유국형'으로 전락됐다는 것이다.

또 옐친 시절 혼란의 도가니에 있었던 것은 사실이나 이는 자유민주주의로 발전하기 위한 '과도기적 진통'이었으며 그나마 옐친 시절 획득됐던 러시아의 자유민주주의적 요소가 푸틴 정권에 의해 뿌리 뽑혔다는 것이다. 또한 책 제목 '신냉전'과 부제 '푸틴의 러시아와 서구에 대한 위협'에서도 잘 드러나는 것처럼 루카스는 러시아를 서구세계의 가장 큰 잠재적 위협으로 간주하고 있다.

루카스는 푸틴 정권의 이데올로그 블라디슬라프 수르코프의 '주권 민주주의'(sovereign democracy)에 주목하고 있다. 수르코프는 "러시아는 서구와 전혀 다른 세계이며 따라서 서구식 민주주의는 러시아에 적합하지 않다"라고 주장하면서, "'개인'에 기반한 서구민주주의가 아닌 러시아 전통과 러시아 공동체주의에 입각한 '주권 민주주의'를 실천해야 한다"고 주장하고 있다.

루카스에 따르면, 이러한 수르코프의 '주권 민주주의'는 반(反)서구적 러시아 국수주의에 불과한 것이며 따라서 러시아와 서구세계의 충돌은 불가피하다는 것이다. 또 루카스는 2008년 러시아의 그루지아 침공을 예로 들면서, 러시아는 과거 소련식 패권주의를 부활시키고 있다고 경고하고 있다.

이러한 루카스의 주장은 중국보다도 러시아가 더 문제라는 미국의 저명한 지정학자 조지 프리드먼의 '예언'과도 일맥상통한다. 현재 서구 유럽, 특히 독일의 대(對)러시아 천연가스 의존도가 계속 높아지고 있는데 이러한 추세가 계속된다면 러시아의 '천연가스 무기화'에 독일은 속수무책일 수밖에 없으며, 이 경우 동유럽이 다시 러시아의 위협에 놓이게 된다는 것이다.

특히 러시아 천연가스는 '가즈프롬'이란 국영회사에 의해 독점되어 있으며, 가즈프롬은 천연가스 '파이프라인 정치'를 통해 유럽을 분할 지배(divide & rule)하고 있다는 것이다.

과거 푸틴은 기본 질서를 회복하는 것만으로도 인기를 영위할 수 있었다. 그 덕분에 2000년, 2004년 대통령 선거에서 이길 수 있었다. 푸틴의 첫 정치적 도전은 2008년에 이뤄졌다. 당시 많은 사람들은 푸틴이 3선개헌을 통해 재집권할 것으로 생각했다.

그런데 정말 기상천외한 방법이 사용됐다. 푸틴은 자신의 대학교 과후배이자 심복이었던 드미트리 메드베데프를 대통령으로 만들고, 자신은 총리직에 앉아서 실질적 대통령 역할을 수행하는 방식으로 권력을 유지했던 것이다. 그리고 대통령 임기를 4년에서 6년으로 바꾼 뒤, 이번에 대통령에 다시 당선됐다.

현재 모스크바와 상트 페테르부르크로부터 전해지는 이야기를 종합하면, 푸틴의 앞날은 그리 평탄할 것 같지 않다. 적어도 이 2개의 대도시에서의 푸틴의 인기는 바닥인 것이다. 대안 부재와 지방에서의 지지로 당선됐지만, 고학력 대도시 중산층에서의 푸틴 지지도는 매우 낮은 것으로 알려지고 있다.

푸틴의 최우선 과제는 우선 경제이다. 푸틴은 석유 및 천연가스 의존 경제에서 벗어나는 데 실패했다. 러시아 경제는 국제 원유가에 좌우되고 있다. 심지어 정부예산도 국제 원유가에 맞춰지고 있다. 최근 러시아 예산이 균형을 이룰 수 있었던 것도 원유가격이 2007년 배럴당 34달러에서 올해 117달러로 오른 덕분이었다. 그런데 러시아인의 기대수준은 날로 높아지고 있으며, 이러한 기대수준을 맞출 여력과 기초가 없다는 점이다.

러시아 국민의 높아진 기대수준에 맞추자면, 원유가가 배럴당 150달러를 넘겨야 된다는 분석이 나오고 있다. 또 민주화에 대한 요구도 높아지고 있다. 작년 말부터 최근까지 보이는 反푸틴 데모는 과거와 매우 다른 양상을 보여주고 있다. 그렇기에 이러한 불안을 다른 곳으로 돌리기 위해서라도 러시아는 구소련 지역과 동유럽에 대해 과거 소련식 패권주의 대외정책을 구사하게 될 것이라는 전망도 힘을 얻어가고 있다.

러시아의 주한 미군 지지 발언 속내

한편 러시아가 힘을 회복하고 있기는 하지만 미국과 전면적으로 패권 싸움을 전개할 정도는 아니다. 따라서 러시아는 중국과 함께 반미동맹을 형성시키면서, 미국의 1극체제에 파열구를 내려고 시도할 것이다. 그러나 레토릭이 아닌 실질 상황에서 러시아의 보다 큰 위협은 미국이 아니라 중국이다. 특히 극동지역에서는 이러한 측면이 매우 강하다.

바이칼 호수 동쪽의 광활한 러시아 영토의 러시아인 인구는 불과 800만 밖에 되지 않는다. 따라서 이 지역에서의 잠재적 위협은 당연히 중국일 수밖에 없다. 유럽지역에서 나토의 조그만 움직임에도 매우 예민하게 반응하는 러시아가 "통일 이후도 한반도에 미군이 계속 주둔하는 것이 지역 안정에 도움이 될 수 있다"는 등의 이야기를 러시아 국제문제 최고의 싱크탱크이자 러시아 외교관 양성의 산실인 IMEMO(세계경제와 국제관계 연구소)를 통해 흘리고 있는 것도 이 같은 이유에서이다.

러시아는 극동지역 자원 개발에 목말라하고 있다. 그렇기에 러시아는 시베리아 철도를 한국 철도와 연결시키는 사업, 그리고 한국으로 시베리아 가스 송유관을 연결시키는 사업 등에 심혈을 기울이고 있다. 그런데 이러한 사업에 북한이 장애가 되고 있다. 그렇기에 통일(혹은 북한 붕괴)에도 반대하지 않고 있는 것이다.

그렇다고 러시아가 북한을 버리고 대한민국 편을 들지는 않을 것이다. 등거리 외교를 통해, 남북한 모두에게 일정 정도의 영향력을 행사하려고 시도할 가능성이 가장 크다.

서울역에서 출발하는 파리행 고속철도를 타고 시베리아 침엽수

림을 달리는 상상의 날개를 잠시 펼쳐본다. 그런데 신문에서 본 '눈물 글썽한 푸틴'의 사진이 눈앞에 나타났다. 그리고 '모스크바는 눈물을 믿지 않는다'라는 영화의 주제곡이 귓가에 울리는 것이었다.

417호 2012.3.26~4.8

'정신적 귀족' 보수주의자의 길 그 근간은 기독교적 세계관

윌리엄 버클리의 **〈예일대에서의 신과 인간(God & Man at Yale)〉**을 읽고

보수주의란 무엇인가? 또 대한민국에서 보수주의는 가능한가? 이 두 가지 질문이 요즘 필자의 머리를 사로잡고 있는 화두이다. 좌익이나 중도는 말할 것도 없이, 우리 우익진영에서도 이 문제를 둘러싸고 입장이 다양하다.

우선 '보수주의'란 말을 사용하지 말자는 주장이 있다. 첫째, '보수'란 말 자체에서 부정적 어감이 느껴지기 쉬우며, 특히 젊은 세대가 이 단어에 거부 반응을 보이고 있는 이상, '전술적' 혹은 '이미지 관리 차원'에서 이 용어를 굳이 고집할 필요가 없다는 것이다.

둘째, 보다 근본적인 문제로서, 과연 우리 운동이 '보수주의 운동'이냐는 질문이다. 즉 '보수주의'라고 부른다면 '무엇을 보수해야 하는지'를 명백히 해야 하는데, 그것 자체가 분명하지 못하다는 주장이다. 이러한 질문에 대해 "우리 운동의 보수는 '헌정수호개념'이다"

라는 답변도 있지만, 이 역시 통일성을 확보하고 있지는 못하다. 따라서 '보수주의'보다는 '애국진영' 혹은 '자유민주진영'이라는 명칭을 사용하는 것이 더 적절하다는 입장인 것이다.

대한민국에 진정한 보수주의가 있을까

사실 현재 우리 '보수진영'(앞의 주장대로라면 '애국진영' 혹은 '자유민주진영') 전체가 '정치철학적 의미에서의 보수주의' 진영인 것은 아니다. 아니 우리 진영의 중심을 이루고 있는 산업화세력의 경우는 '보수'라기 보다는, 대한민국 '근대화'를 이끈 '진보세력'이라고 부르는 것이 더 타당할지도 모른다.

또 스스로를 '자유주의자'라고 부르고, 또 그렇게 불리기를 원하는 '고전적 자유주의자'(classical liberal)들도 많다. 이들의 경우 '경제적 보수주의자'로 분류될 수도 있지만 반드시 그러한 것만은 아니다. 많은 경우 '보수주의'로 분류되는 것을 꺼리고 있으며 그냥 '리버테리안'(libertarian)으로 불리기를 원하는 경우도 많다.

그리고 현재 '안보 보수주의자'들의 경우 '반공'과 '국가 안보'라는 측면에서 '보수주의자'로 분류될 수 있으나, 반공과 안보를 제외한 다른 정치철학적 혹은 경제학적 관점에서 '리버럴'(liberal)인 경우가 허다하다. 즉 우리 진영은 단일 이념집단이라기 보다는 '정치 전선체'(political front)이며 따라서 '보수진영'보다는 '자유민주진영'이라 불리는 것이 전술적으로 뿐만 아니라 본질적으로 더 타당할지도 모르겠다.

그러면 한국 보수주의의 입지는 어디에 있는가? 아니 대한민국 토양에서 '영미식 현대보수주의'가 자라날 수 있을까? '자유주의'란 용어를 선호하는 사람들 가운데는 대한민국에는 보수주의의 토대가 없다고 주장하는 사람들도 적지 않다.

첫째, '기독교적 세계관'이 취약하다는 지적이다. 영미식 보수주의가 가능하려면 사회 근저에 '불완전한 인간관'과 '인간 인식론에 대한 한계론'과 같은 기독교적 세계관이 전제가 돼야 하는데 그 기반이 약하다는 것이다. 특히 '세속주의'가 이미 거스를 수 없는(?) 대세가 돼버린 한국 사회에서 '절대자'로서의 신(神)을 전제로 하고 있는 서구의 '보수주의'가 설 자리가 어디에 있느냐는 것이다.

둘째, '보수주의'는 '귀족적' 혹은 '봉건적' 유산을 영양분으로 성장하는 것인데 한국에는 그러한 토대가 사실상 전무하다는 것이다. 일제와 한국전쟁, 그리고 산업화를 거치면서 한국의 '귀족적 토대'는 정치적 경제적 의미는 물론 정신적 의미에서도 붕괴해 버렸으며 그러한 측면에서 '보수주의'는 뿌리를 상실하고 있다는 것이다.

이러한 문제에 대해 답을 구하기 위해 윌리엄 버클리의 〈예일대에서의 신과 인간〉(1951)을 읽어 보았다. 이 책은 미국 보수주의 운동의 이른바 '6대 경전(canon)'의 하나이다. 나머지 '6대 경전'은 프리드리히 하이에크(Fridrich Hayek)의 〈노예로의 길〉(The Road to Serfdom)(1944), 휘태커 챔버스(Whittaker Chambers)의 〈증인〉(Witness)(1952), 러셀 커크(Ressell Kirk)의 〈보수주의 마인드〉(The Conservative Mind)(1953), 배리 골드워터(Barry Goldwater)의 〈한 보수주의자의 양심〉(Conscience of a Conservative)(1960), 밀튼 프리드먼(Milton Friedman)의 〈자유와 자본주의〉(Freedom and Capitalism)(1962) 등이다.

미국 보수주의의 '6대 경전'

〈예일대에서의 신과 인간〉은 '미국 보수주의 운동의 대부' 윌리엄 버클리가 25세 때 쓴 책으로, 이 책이 베스트셀러가 되면서 '보수주의 운동가'로서의 버클리의 생애가 시작됐으며, 또 다른 의미에서는 미국 현대 보수주의 운동 그 자체가 시작됐다고도 볼 수 있다.

이 책은 미국 최고 엘리트 양성기관의 하나인 예일대에서의 '세속주의'와 '경제적 집단주의'를 비판한 책이다. 버클리는 이 책을 통해 절대자로서의 신을 부정하는 무신론과 '자유시장경제'를 부인하는 '경제적 집단주의'가 예일대의 강단을 지배하기 시작하고 있는데 이를 '학문적 자유'라는 미명 하에 그냥 방관하고 있으면 미국을 지탱해 온 문명이 파괴될 수 있다고 경고하고 있다.

특히 "교육을 많이 받을수록 진리에 접근할 수 있다"는 '자유방임 교육'(laissez-faire education)을 비판하면서 이른바 '가치중립'이란 결국 자기 기만에 불과하다고 역설하고 있다. 즉 선과 악을 구분하는 가치(value)와 덕목(virtue)을 배제한 학문은 '고학력 바보'들만 양산할 뿐이며 결국 교육의 중심은 가치와 덕목이라는 점을 강조하고 있다.

여기서 버클리가 말하는 가치란 기독교적 문명과 자유시장질서이다. 또 버클리는 이러한 주장이 반(反)자유적이라는 지적에 대해 자유사회(free society)를 파괴하자는 '자유'를 허용할 수 없다고 말한다. 즉 어느 사회나 그 사회를 지탱시켜 주는 기본 정설(orthodoxy)이 존재하며 이러한 필수적인 최소한의 기본토대마저 부정하는 것을 방치하는 것은 '자살행위'라는 것이다.

비(非)기독교인이 이 책을 읽으면 당혹스러울 수 있다. 버클리는 '무신론'과 '불가지론' 등과 같은 세속주의를 공격하면서 '유대-기독교 문명'을 보수(conserve)할 것을 주장하고 있다. 실제로 맥스 이스트먼(Max Eastman)이란 반공주의 무신론자와 논쟁한 적도 있었는데, 버클리는 무신론자가 반공진영의 일원 혹은 우익이 될 수는 있지만, 보수주의자는 될 수 없다고 단언했다. 즉 절대자 신의 존재를 믿지 않는다면, 그 사람은 훌륭한 우익인사는 될 수 있지만, 진정한 보수주의자가 될 수는 없다는 것이었다.

무신론자는 '우익'은 돼도 '보수주의자'는 될 수 없다

미국에서도 1950년대만 하더라도 '보수주의'라는 말은 부정적 뉘앙스를 띠는 말이었다. 버클리 자신도 〈예일대에서의 신과 인간〉을 서술할 당시만 하더라도 '보수주의'라는 용어보다는 '개인주의'(individualism)를 선호했다. 그러나 1955년 〈내셔날리뷰〉(National Review)를 창간한 이후에는 자신의 이념이 '보수주의'라는 점을 분명히 한다.

미국 현대 보수주의의 원년은 〈내셔날리뷰〉가 창간된 1955년이다. 이러한 버클리의 미국 현대 보수주의는 '퓨전'(fusion) 보수주의라 불리기도 하는데 그 이유는 제2차 세계대전 이후 3대 보수주의적 흐름을 통합해 낸 것이기 때문이다.

전후 3대 보수주의 첫 번째 흐름은 반(反)뉴딜 자유시장주의자들과 이들에게 확고한 이념적 토대를 제공한 미제스, 하이에크와 같은 오스트리아 시장경제학파를 중심으로 형성된 '경제적 보수주의' 혹은 리버테리안적 흐름이다.

둘째는 러셀 커크 등을 중심으로한 '전통적 보수주의자들'인데 이들은 18세기 영국의 보수주의자 에드먼드 버크 사상을 보수주의 철학의 기본으로 삼았기 때문에 '버크주의자'로도 불린다. 이들은 신(神), 전통, 명예, 공동체 등을 중시하는 입장을 취했는데, 원조인 버크보다도 더욱 기독교적 세계관 혹은 가치관을 신봉하며, 이를 서구문명의 기초로 간주하는 '철학적 혹은 신학적 보수주의자'들이다.

또 이들은 1950년대 미국 공화당 기득권 세력을 일컫는 보수주의와 구별하기 위해 뉴보수주의(New Conservatism)이라고 불리기도 했다. 여기서 뉴보수주의는 1970년대 이후 본격적으로 등장하기 시작한 신보수주의(Neoconservatism)와는 전혀 다른 흐름이다.

셋째는 휘태커 챔버스 등이 중심이 된 '반공적 보수주의' 흐름이다. 이 흐름은 주로 1930년대 공산주의 혹은 사회주의 운동에 가담했다가 전향한 인텔리들에 의해 형성됐는데 소련의 팽창정책에 맞서는 '강한 미국'을 주창했다. 훗날의 '신보주의자'들의 선배격이라고도 할 수 있으나 '신보수주의자'들이 트로츠키계 공산주의 출신의 유대인들이 다수라는 점에서 인맥 상 다른 흐름을 보인다.

미국 현대 보수주의의 시초는 격주간 〈내셔날리뷰〉

사실 이러한 3가지 흐름의 결합이 원만한 것만은 아니었다. 〈아틀라스〉의 저자 아인 랜드와 같은 리버테리안은 보수주의임을 거부하고, 〈내셔날리뷰〉가 중심이 된 이른바 '퓨전'파와 대립했으며, '반공적 보수주의' 흐름에서도 '인텔리'들의 대부분은 '퓨전'에 합류했으나, '버치 협회'와 같은 반(反)지성적 흐름은 〈내셔날리뷰〉와 사상투쟁을 벌이기도 했다.

'전통적 보수주의'에서도 마찬가지였다. 이 흐름의 주류인 러셀 커크가 합류했지만, 버클리의 친리버테리안 경향에 등을 돌린 '전통적 보수주의자'도 적지 않았다. 어찌했든 여러 갈래의 미국 보수주의 흐름은 1955년 〈내셔날리뷰〉란 저수지에 모여서 융합(혹은 퓨전)됐고 이후 1964년 배리 골드워터의 대통령 선거를 통해 정치세력화 혹은 대중운동화하는 데 성공한다. 그리고 1980년 레이건의 대통령 당선으로 진정한 의미에서의 '첫 보수주의 정권'을 창출한다. 〈미래한국〉도 한국의 〈내셔날리뷰〉 역할을 할 수 있지 않을까.

'잡놈'이 자랑이 되고, '개념'이 '겉멋'과 동의어가 되고 있는 세상에서 '정신적 귀족'임을 자부하는 보수주의자가 된다는 것은 정말 외롭고도 어려운 일이다. 그래도 "남자를 남자라고 부르고, 여자를 여자라고 부를 수밖에 없는 것"처럼, 보수주의자는 보수주의자라고 부를 수밖에 없을 것 같다.

탈북자 문제와 나의 증언, 그리고 사상적 방황

휘태커 챔버스의 〈증인(Witness)〉을 읽고

최근 박선영 의원의 단식투쟁과 차인표를 비롯한 유명 연예인들의 동참으로 탈북자 문제가 다시 사회 중심 이슈의 하나로 떠올랐다. 탈북자 문제에 대한 국제사회의 여론도 뜨거워지고 있으며, 중국도 이미 단순히 외면할 수만은 없는 상황에 처하게 됐다. 실제로 중국은 일부 탈북자들의 한국행을 허용하기도 했다. 그러나 아직도 한국사회 내부에서는 '진보'라는 허울을 쓰고 탈북자 문제를 애써 외면하는 풍조가 만연돼 있다.

탈북자라는 단어는 1994년 러시아 북한 탈출 벌목공 이야기를 취재하는 과정에서 필자가 만들어낸 조어(造語)이다. 당시 시베리아 벌목장에서 탈출한 북한인들이 러시아를 유랑하고 있었는데, 이들을 부를 용어가 적합지 않았던 것이다. 그전에는 북한을 탈출한 사람들을 '귀순용사' 혹은 '망명자' 등으로 불렀는데, 이 모두가 적합한 것이 아니었다. 그래서 편의상 '북한을 탈출한 사람'이라는 의미에서 '탈북자'라는 용어를 사용했는데 그후 이 조어가 일반화되면서 굳어지게 된 것이다. 이 이야기를 꺼낸 것은 결코 탈북자 용어의 '저작권'을 주장하기 위해서가 아니다.

'탈북자' 용어를 처음 사용하다

1994년 1월 필자는 러시아 상트 페테르부르크에 거주하고 있었다. 전형적 '386운동권'의 한 사람이었던 필자는 1980년대 후반 골수 공산주의자였다. 굳이 다행스런(?) 점이 있었다면 김일성 주체사상파는 아니었다. 오히려 주체사상파와 '사상투쟁'을 전개하기도 했었다. 그러나 마르크스-레닌주의를 왜곡하고 있다는 점에서 주체사상을 비판한 것으로서, 주사파보다 더 철저한 마르크스-레닌주의자임을 자부하고 있었다. 이러한 입장에 처음 충격을 준 것은 고르바초프의 페레스트로이카였다. 그러나 이것도 '과학적 사회주의의 갱신'으로 이해하려 들었으며, '과학적 사회주의'에 대한 믿음은 조금도 흔들리지 않았다.

그리고 1990년 12월 처음 모스크바를 방문했다. '사람은 자기가 보고 싶은 것만 본다'는 말이 얼마나 정확한지는 당시 필자가 어떤 생각을 했는지를 되새겨 보아도 잘 알 수 있다. 약 한 달간의 모스크바 경험 속에서 필자는 '다소(?) 경제적 어려움이 있지만, 노동자가 주인 된 세상인 소련이 썩어빠진 자본주의 세상보다 백만 배는 더 훌륭하다'고 생각했으며, 또 그렇게 한국에 있는 동지들에게 보고하기도 했다. 겉모습만 보았기 때문이며, 혹시 이념과 맞지 않는 팩트(fact)가 눈에 띄면 애써 눈을 감으려 노력했기 때문이다.

그러나 1991년 8월 두 번째로 소련에 들어가 본격적 생활을 시작하면서 비로소 소련 사회주의의 실상을 깨닫기 시작했다. 그러나 사람의 이념은 그리 쉽게 바뀌기 않는다. 눈에 보이는 부정적 현상들을 애써 무시하고 머리 속을 꽉 채우고 있었던 마르크스-레닌주의 틀에 현실을 끼워 맞추려고 노력했던 것이다. 물론 이러한 노력도 압도적인 '부정적 팩트'의 홍수 속에 무너질 수밖에 없었다. 대략 1992년 초 소련 사회주의는 잘못된 체제라고 결론을 내리기 시작했다. 그러나 이념적 인간은 정말 완고했다. 이러한 현실 인식이 사회주의 혹은 마르크스-레닌주의 이념 자체에 대한 포기로 이어진 것은 아니었다. '현실 사회주의는 실패했지만 이념으로서 그리고 이론으로서의 과학적 사회주의는 정당하다'는 것이 당시 필자의 사고였다.

이러한 사상적 방황을 겪고 있는 와중에 국내에서 조직사건이 발생, 귀국을 잠시 미뤄야만 하는 상황이 발생했다. 기왕 이렇게 된 것, 러시아에 남아서 공부나 실컷 하자는 것이 필자의 생각이었으며 그리하여 1992년 3월 상트 페테르부르크 대학교 경제학부 대학원에 적을 두게 됐다. 소련 현실 사회주의의 문제점의 기원과 해결책을 찾기 위해 소련 경제사를 공부해 보고자 함이었다. 당시 필자는 1920년대 소련의 신경제정책, 그리고 레닌과 함께 볼셰비키 혁명을 주도했으나 스탈린에게 우경분자로 몰려 처형당한 부하린의 이론에서 희망을 찾으려 했다. 이 지점에서 한 가지 언급하고 싶은 이야기가 있다.

한국에서 온 맑스-레닌주의 괴물

당시 러시아 일반 학생들은 필자를 정말 신기한(혹은 괴상한) 존재로 여기고 있었다. 자신들은 전혀 관심도 없는 마르크스-레닌주의를 공부하려고 온 한국인(그것도 북한인이 아니라!)은 정말 이해하기 힘든 존재였던 것이다. 반대로 사회주의 경제학을 신봉하는 일부 원로교수들에게 마르크스와 레닌의 주요 저작들을 줄줄 외우는 필자의 모습은 '레닌의 환생' 쯤으로 비치기도 했다. 당시 한국에서의 마르크스-레닌주의 논쟁을 소개하자, "한국의 마르크스-레닌주의 수준이 우리(소련)보다 훨씬 높다"라며 경탄하는 소련 아카데미 회원들의 모습을 보고, 정말로 경악한 바 있었다.(당시 소련 과학 아카데미에서 출판된 교과서들을 놓고 훈고학적으로 공부했었는데…)

아무튼 엄청난 '인지부조화'(認知不調和)를 느끼면서 이를 조화시켜 보려고 노력했다. 당시 러시아로 역수출되기 시작한 트로츠키주의자들의 모임에 참석하기도 했다. 영국 트로츠키주의자들이 영어 강사로 위장해서 러시아에서 트로츠키 그룹을 조직하고 있었던 것이다. 그러나 공부하면 할수록 현실 사회주의 문제가 단순히 스탈린주의의 문제가 아닌 것으로 드러났다. 마르크스주의 세계관, 그 자체가 현실과 부조화를 이룬다는 '잠정 결론'을 내리게 됐다. 이러한 결론을 내리게 된 데는 당시 러시아어로 읽었던 하이예크의 〈치명적 자만〉도 큰 도움을 줬다.

매우 조잡한 형태로 등사된 하이예크의 〈치명적 자만〉이 러시아 학생들 사이에서 돌아다니고 있었는데 이를 구해서 읽어 보게 된 것이었다.(한국에서 일본어 번역본으로 마르크스주의를 접하더니, 러시아에서 갱지에 등사된 러시아어판 하이예크를 읽게 되다니!)

그러나 이러한 '잠정 결론'에도 불구, 사회주의 사상으로부터 완전히 해방된 것은 아니었다. 우선 '이론으로서의 사회주의'는 두뇌 속에서 해체되고 있었지만, '신앙으로서의 사회주의'는 여전히 가슴 속에서 고동치고 있었던 것이다. 이러한 사상적 방황 속에서 생계 유지를 위해 돈벌이가 필요했으며 이러한 돈벌이의 목적으로 여러 언론기관 및 잡지에 글을 쓰고 있었다.

탈북자 문제 취재 이후 '변절자'로 낙인

그런데 1994년 1월 월간조선으로부터 취재 요청을 받은 것이었다. "시베리아 벌목장으로부터 탈출한 북한인들이 러시아에 많이 있다는 정보가 있는데 이에 대해 취재해 달라"는 것이었다. 북한 탈출 벌목공이라고? 이 이야기는 이미 1993년부터 러시아 언론에 보도되고 있었기 때문에 비교적 널리 알려진 줄 알고 있었다. 어느 모스크바 주재 한국 특파원과의 만남에서 북한 벌목공 이야기를 꺼낸 적도 있었다. 당시 이 특파원은 "기사거리가 안 되는 이야기"라고 일축했었다. 그런데 나보고 취재하라고? 북한사회에 대한 호기심도 작동, 취재에 응했다. 이 기사는 월간조선 1994년 3월호에 〈북한 탈출 벌목공들의 러시아 유랑 25시〉라는 제목으로 실렸는데 당시 한국사회의 반응은 매우 뜨거운 것이었다. 한국 최고의 언론상이라고 할 수 있는 관훈언론상이 수여되기도 했다.

이 기사가 나가고 탈북자 문제가 이슈가 되자 대학 선후배로부터 전화가 오기 시작했다. 한결같이 욕하는 내용이었다. "너 같은 놈을 후배로 여겼다는 것이 부끄럽다"는 모 대학 교수를 비롯해 "변절자의 최후는 처참한 죽음 뿐"이라는 변호사 후배의 전화까지… 한마디로 대학 입학 이후 형성됐던 거의 모든 인간관계가 붕괴하는 순간이었다. 정말 외로움과 두려움에 몸을 떨어야만 했다. 그러나 지금 생각하면 이 과정 덕분에 사회주의에 대한 미련을 벗어던질 수 있게 됐던 것으로 감사하게 생각하고 있다.

이러한 과거의 사상적 고뇌(?)를 되씹게 된 데에는 최근 읽은 휘태커 챔버스의 〈증인〉도 한 몫 했다. 이 책은 지난 호에 소개한 '미국 보수주의 6대 경전' 중의 하나로서 '반공적 보수주의'를 대표하는 책이다. 미국 매카시주의의 희생양으로 알려졌던 미국 고위 공직자 앨저 히스가 소련 간첩이었음을 증언하는 내용으로 자서전적 형태로 저술한 책인데, 공산주의의 본질과 공산주의자들의 심리 상태에 대해 매우 리얼하게 그리고 있다.(히스가 소련군 첩보기관의 협력자였음은 소련 붕괴 이후 소련 문서에 의해 확인됐다! 혹자는 히스의 이름이 KGB 비밀문서에 나오지 않는다는 점을 들어 히스가 소련 간첩이 아니라고 주장하기도 했으나 히스는 KGB가 아니라 소련군 첩보기관인 GRU 소속이었던 것으로 확인됐다.)

챔버스는 공산주의를 하나의 유사 종교로 간주한다. 인간의 힘으로 신이 없는 현세에서 지상낙원을 건설하려는 신앙(faith)이라는 것이다. 공산주의가 많은 인텔리들에게 호소력을 지닌 이유도, 또 공산주의가 힘을 가진 것도 바로 이러한 '신앙'이기 때문이란 것이다. 신의 경지에 이르고자 하는 인간의 욕망은 아담과 하와가 '금단의 열매'를 먹었을 때부터 시작해 바벨탑을 쌓는 등의 형태로 나타나는데 이러한 '신과 신비주의를 제거한 인본주의'의 사회과학화가 '마르크스-레닌주의'이며, 그렇기 때문에 많은 세속주의적 인텔리들이 끊임없이 공산주의 혹은 그 유사품에 현혹된다는 것이다. 바로 그렇기 때문에 마르크스와 그 추종자들은 신으로부터 불을 훔친 프로메테우스를 자신들의 영웅으로 형상화하는 것이다.

전향의 계기

이 책은 골수 공산주의자로서 소련군 첩보기관 협력자였던 챔버스가 자신의 사상적 오디세이에 대해 자신의 자녀들에게 들려주는 형태로 구성됐다. 챔버스가 완전하게 공산주의를 벗어난 것은 세속주의적 인본주의를 벗어나 신을 받아들이면서부터이다. 챔버스는 "신 없이 인간은 존재할 수 없다"고 단언하며 바로 신이 부정될 때 '현세적 신', 즉 공산주의가 그 자리를 차지하게 된다는 것이다.

챔버스 책을 손에서 놓을 수 없었다. 내 이야기를 읽은 느낌을 받았기 때문이다. 필자가 사회주의 및 그 유사 사상에서 완전히 벗어난 것은 체첸, 다게스탄 등과 같은 분쟁지역을 취재하면서 인간과 신의 문제를 다시 생각하게 되면서 부터이다. 인간이 신의 위치에 서서, 천국을 지상에 건설하려는 모든 형태의 시도는 인간의 본성에 어긋나는 행위라는 결론에 이르게 된 것이다.

4월 총선의 비밀, 극좌세력이 야당을 포획하다

리차드 위버의 〈**이념은 결과를 가진다(Ideas Have Consequences)**〉를 읽고

이번 4월 총선에서 '의외의 결과'가 나왔다. 올 초만 해도 100석도 얻지 못해 개헌 저지선마저 돌파 당할지 모른다는 우려마저 나왔던 새누리당이 152석을 획득, 전체 의석의 과반수를 넘기는 데 성공했다. 이에 많은 보수우익 인사들은 안도의 숨을 내쉬고 있으며 제도권 언론들은 민주통합당이 너무 자만했기 때문이라는 논평을 내놓고 있다. 실제로 개표 직전만 하더라도, 새누리당이 잘해야 130석이며, 제1당 자리는 민주통합당에게 내줄 것이라는 것이 많은 사람들의 진단이었다. 필자가 과문(寡聞)한 탓인지는 몰라도 최고 가능성으로 점쳐진 것이 142석에 제1당을 차지하는 것이었으며 이것도 대부분 희망사항 정도로 취급됐었다.

이러한 새누리당의 승리는 "건전한 국민의 승리이며, 이제는 대선을 준비해야 할 때다"라는 이야기가 나오고 있으며 민주통합당이

제1당이 되지 못한 것은 통합진보당과의 야권연대를 위해 지나치게 좌경화됐기 때문이라는 분석이 주류를 이루고 있다. 분명 새누리당은 예상을 뛰어넘는 승리를 거뒀다. 그러면 이번 4월 총선의 결과는 우리 보수우익에게 유리한 결과만을 가져다 준 것일까? 그렇지만은 않다는 것이 필자의 견해이다. 이번 승리의 다른 이면은 종북 및 친북 좌익운동권 세력이 제도권 야당을 사실상 장악했다는 무시무시한 의미가 숨겨져 있다.

이번 총선 결과 특히 당선자들의 성향을 분석해 보면 민주통합당의 종북화 현상이 두드러진다. 구(舊) 민주당을 숙주로 '좌익 친노 세력'과 주사파 영향 하에서 학생운동, 노동운동, 시민운동을 하던 386세력이 대거 당선됐으며 이들이 현재 민주통합당의 당권파이다. 구 민주당의 역사적 뿌리는 정통 보수야당인 한민당(송진우, 김성수)-민주당(조병옥, 장면)이었다. 이러한 보수야당의 전통이 흔들리기 시작한 것은 DJ가 당권을 장악하면서부터이다. 그러나 DJ 시절만 하더라도 민주당 전체를 좌익 혹은 종북세력으로 규정짓기에는 무리가 따랐다. 그러한 요소가 전혀 없었던 것은 아니지만 관료 및 기업 출신의 호남인사들이 강하게 자리 잡고 있었기 때문이다.

그러나 노무현 정권 이후 전대협 출신 386과 좌익 시민운동세력이 대거 당에 유입되면서 이질감이 노골화되기 시작했으며 이로 인해 민주당이 분열되고 열린우리당이 출현한 것이었다. 그런데 열린우리당 실험은 노무현 정권의 실패로 끝나고 다시 호남지역 기반의 민주당으로 회귀하는 듯했다. 그런데 노무현 대통령의 자살과 MB

정권에 대한 비판 여론을 무기로 '좌익 친노 세력'과 386세력이 화려하게 부활해 당권을 장악하고 이번 4월 총선을 통해 대거 국회로 입성하는 데 성공한 것이다.

이러한 사실은 "지금 민주당엔 나 같은 사람조차 설 자리가 없다"라는 노무현 대통령 시절 청와대 정책실장이었던 김병준 국민대 교수의 말에서도 잘 읽을 수 있다. 현재 민주통합당 내부에서는 '노무현 노선'도 우경화 노선으로 백안시되고 있다는 것이 친노 핵심이었던 김병준 교수의 고백이다. 구 민주당 호남세력 특히 강봉균과 같은 관료 출신의 테크노크라트들은 당 정체성(한미 FTA 폐기, 제주도 해군기지 반대 등)에 어긋나는 인물로 규정돼 사실상 숙청(?)된 상황이다. 박지원과 같은 일부 구 민주당 호남세력이 '장식용' 혹은 '달래기용'으로 살아남았으나 현재 당권과는 거리가 멀다.

이번 총선에서 종북세력의 약진은 통합진보당의 13석 획득에서 더욱 잘 드러난다. 통합진보당은 민노당+진보신당 탈당파+유시민 추종세력으로 구성된 정당이다. 이번 당선자 면면을 들여다보면 민노당, 그 중에서도 최근 민노당 종북 핵심세력으로 알려진 이른바 '경기동부'세력이 다수파를 차지하고 있음을 알 수 있다. 과거 민노당의 당권은 이른바 '경기동부'라는 정파에 의해 장악돼 있었는데 이 정파가 김일성 주체사상을 지도 이념으로 하는 주체사상파라는 사실은 오랜 전부터 공공연한 비밀이다. 이정희 대표는 '경기동부'의 이른바 '기획상품'(청순해 보이는 서울법대 출신의 여성 변호사)으로서 "6.25가 남침인지 북침인지"를 묻는 질문에 대합 답변을 지금까지 회피해 오고 있다.

이번에 이정희 대표 대신 서울 관악을에 출마해 당선된 이상규를 가리켜 대표적 좌파 논객인 진중권 교수는 "얼굴 대신 몸통"의 등장이라고 표현했다. 현재 '경기동부'로 분류되고 있는 당선자로 이상규 이외에 이석기, 김재연, 정진후, 김미희 등이 거론되고 있다. 사실 더욱 심각한 문제는 '경기동부'가 아니라 '민혁당'이다. 민혁당은 이 조직의 대표인 김영환(서울법대 82학번, 일명 강철)이 북한 잠수정을 타고 방북, 김일성과 면담했을 뿐만 아니라 강화도 비밀 아지트에 북한으로부터 받은 각종 무기를 숨겨 놓았을 정도로 극렬한 폭력혁명조직이었다. 다행히 이 조직의 대표였던 김영환과 하부 지역조직이었던 '전북위원회'는 조직적으로 전향했다. 그러나 김영환과 함께 민혁당을 이끌던 하영옥(서울법대 82학번)은 이번에 국회의원으로 당선된 이석기 당시 '민혁당 경기남부위원장'과 함께 전향을 거부하고 이른바 '민혁당 재건파'를 구성했다. 이번 선거에 울산에서 통합진보당 후보로 출마했다가 낙선한 김창현이 바로 이 조직의 '경남위원장'이었다. 문제는 이 '민혁당 재건파'의 행방인데 이들이 '경기동부' 및 통합진보당의 '지하 당권'을 장악하고 있다는 이야기가 늘린다.

이 지점에서 꼭 짚고 넘어가고 싶은 이야기가 있다. 이른바 '종북성 문제'이다. 노회찬, 심상정과 같은 '진보신당 탈당파'는 종북파가 아니지 않느냐는 질문에 대한 답변이다. 노회찬, 심상정 당선자는 민노당의 종북성에 반발, 민노당을 뛰쳐나가 진보신당을 창당했다.

사실 종북이란 용어의 저작권도 보수우익보다는 진보신당파에게 있다. 그런데 배지를 달기 위해 자신들이 비판하던 종북세력과 다시 손을 잡은 것이다. 그리고 입을 다물고 있다. 노회찬과 같은 非종북 좌익세력의 움직임에 대해서는 좀 더 면밀히 지켜볼 필요가 있을 것이다. 그러나 좌익진영에서의 종북이냐 아니냐는 문제는 남한좌익의 북한 노동당에 대한 상대적 자율성 혹은 독자성에 관한 입장 차이에 불과하다는 견해가 현재까지는 보다 설득력을 지닌 것처럼 보인다.

이러한 관점에서 보면 이번 4월 총선의 숨은 승리자는 종북 좌익 운동권이다. 그리고 그 의미는 보수정통야당의 사실상 소멸이다. 그리고 이번 야권연대는 '좌익연대'라고 명명해야 정당할 것이다.

그럼 어쩌다가 이런 상황에 이르게 됐는가? 대한민국 주류 사회는 산업화와 민주화를 달성했음에도 불구, 이를 자기 정당화시키는 이념으로 '자기 내재화'하는 데 실패했다. 그 결과 학생운동 혹은 반(反)정부 운동의 주변 세력이었던 종북세력이 그 이념의 담지자들의 자연 연령의 증가와 함께 사회 중추세력으로 성장한 것이다. 현재 이념문제를 거론하면 이른바 색깔론을 운운한다. 원래 정치란 자신의 이념(ideas)을 구현하기 위한 실천 행위이다. 오히려 '이념 없는 정치'야말로 자기 출세를 위한 야바위꾼들의 놀음에 불과한 것이 될 것이다. 그런데 이념문제를 제기하기만 하면 한쪽에서는 색깔론을, 다른 한쪽에서는 탈이념과 민생을 거론한다.

많은 한국인들은 이념하면 고개를 젓는 경향이 강하다. 이는 6.25라는 뼈아픈 역사적 경험의 산물이기도 하지만 이데올로기(ideology)와 이념(ideas)의 개념을 혼동하고 있기 때문이다. 이데올로기는 '허위의식'이다. 따라서 이데올로기 때문에 목숨을 건다는 것은 허무한 일이 아닐 수 없다. 그러나 이념은 '사고의 틀'이며, '아이디어(idea)의 복수형'이다. 다시 말해 이념이 없다는 것은 "골이 비었다"는 말과 동의어가 된다. 이번에 읽은 리차드 위버의 〈이념은 결과를 가진다〉는 책은 미국 보수주의 운동의 대표적 저서 중의 하나로서 '이념의 우선성'(the primacy of ideas)을 강조한 책이다. 사실 〈이념이 중요하다〉라고 의역하는 편이 더 정확한 번역인지도 모르겠다.

이 책의 또 다른 주된 주제는 "정치적 국가에는 필수적 가치에 대한 최소한의 합의"(minimum consensus of value necessary to the political state)가 존재해야 하며 이것이 존재하지 않으면 그 국가체제는 붕괴될 수밖에 없다는 것이다. 그런데 고등교육을 받은 '도덕적 바보'(moral idiot)들이 이러한 사실을 이해하지 못함으로써 현대문명의 위기가 오고 있다는 것이다. 위버에게 있어서 현대사회 위기의 본질은 단순한 '정치의 위기'가 아니라 '도덕의 위기', '이념의 위기', '문명의 위기'였던 것이다.

더 나아가 위버는 현대 정치의 위기를 '버릇 없는 아이의 심리'(the spoiled-child psychology)에서 찾고 있다. "진보(progress)는 자동적으로 주어지는 것"이라고 믿는 '역사주의적 발상'이 자신이 이루지 않은 것, 혹은 자신이 이룬 것보다 더 많은 것을 향유하는 것을 당연한 것으로 여기는 풍조가 사회에 만연되면서 정치와 문명의 위기가 시작된다는 것이다. 그리고 바로 이러한 '응석받이 국민'(a spoiled people)이 파시즘이나 공산주의와 같은 전제 통치를 가져온다는 것이다. 위버는 행복추구권(the right to pursue happiness)이란 개념을 행복소유권(a right to have happiness)으로 잘못 이해하거나 이러한 혼동을 유발시키는 선동에 휘둘리는 대중의 존재에 대해서도 경고하고 있다. 즉 민주사회에서 각자는 행복을 추구할 권리를 가지고 있으며 이에 따라 행복을 추구해 나가야 하지만 이러한 행복추구권을 정부 혹은 정치인이 행복을 가져다주는 것으로 잘못 이해해서는 안된다는 것이다.

그리고 위버는 '말의 힘'(the power of the word)을 강조한다. 바로 세상을 창조한 것도 하나님의 '말씀'이었던 것이다. 이러한 이념(ideas)과 말(word)의 힘과 능력을 믿지 않고 실증주의 혹은 실용주의에만 머물러 있을 경우 물질세계만을 지배할 뿐 정신세계를 장악할 수 없으며 이와 같이 정신세계를 빼앗긴(골이 빈) 물질세계의 지배는 의미가 없을 뿐더러 또 지속될 수도 없다는 것이다.

위버의 책은 그리 길지 않다.(186쪽) 그러나 읽기가 편했던 책은 아니다. 그리고 중세에 대한 향수 같은 것이 느껴지는 대목에서는 다소 생경하기도 했다. 그러나 "부산 젊은이들이 나꼼수 안 들어서" 낙선했다는 제1야당 당대표 대행인 문성근의 발언을 들으면서 위버의 진단이 1948년 미국사회가 아닌 오늘날 한국사회인 것처럼 느껴졌다.

420호 2012.5.7~5.20

저들이 가족과 교회를 저주하는 이유

제임스 로비슨, 제이 리처즈 共著, **〈분리될 수 없는(Indivisible)〉**을 읽고

모처럼 옷을 사기 위해 동대문 패션 타운에 갔다. 날씨도 화창하고 주말인 탓인지, 매장마다 인파로 가득 찼다. 한국인만 많은 것이 아니었다. 미국인, 일본인은 물론 중국인, 러시아인, 그리고 그 밖의 여러 인종의 사람들로 북적거렸다. 꼭 옷을 사기 위해서만도 아닌 것 같았다. 윈도우 쇼핑 자체를 즐기는 데이트족들도 많아 보였다.

필자도 그리 서두르지 않았다. 그러다가 마음에 드는 청바지가 있어서 구매한 다음, 단을 줄이기 위해 수선실에 갔다. 계산을 하고 옷을 맡기는데 그 곳에서 재봉틀로 작업을 하고 있던 한 중년여성이 필자를 보더니 흠칫 놀라며 눈길을 피하는 것이었다. 어디서 많이 본 얼굴인데…옷을 고치는 시간 동안 같은 건물 안에 입주해 있는 한 커피 전문점에서 카페라테를 마시면서 생각에 잠겼다.

그 중년여성을 처음 만난 것은 84년 1월 일명 '가오리'(가리봉 5거리) 부근에 위치한 영세 봉제공장에서였다. 당시 필자는 겨울방학을 이용, 이른바 '공활' 중이었다. 공활이란 '공장활동'의 줄인 말인데 대학생 신분을 속이고 공장에 취업, 공장생활을 통해 노동자적 계급의식을 함양하기 위한 훈련을 일컫는 운동권 은어이다. 주로 여름방학 동안에 행하는 '농활'(농촌활동)과 유사한 활동인데 농활은 공개적으로 그리고 대대적으로 이뤄진 반면 공활은 은밀하게 소수에 의해 진행됐다. 좌우간 이때 한 달 간의 공활은 필자의 사고방식을 완전히 뒤흔들어 놓았으며 이를 계기로 마르크스-레닌주의자가 됐다.

80년대 '공활' 통해 마르크스-레닌주의자가 되다

비교적 곱게(?) 자란 필자의 공장생활은 그야말로 엉망진창이었다. '시다' 중에서도 가장 무능한 시다였다. 일이 서툰 탓에 온갖 구박을 받아야 했으며 심지어는 '다소 모자란 사람' 취급을 받기도 했다. 그러니 노동자를 '조직'하기는 커녕 다른 노동자들에게 무시당하지 않으면 다행일 정도였다. 이때 필자를 대표적으로 못살게 굴던 미싱사가 있었는데 그 미싱사가 바로 수선실의 그 중년여성이었다. 솔직히 고백컨대 당시 공활은 정말 힘들었다. 겨우 가까스로 한 달을 채운 뒤 나왔다. 이때 손에 쥔 돈은 8만3천원. 잔업 및 야근 수당까지 모두 합친 금액이었다.

이 미싱사를 다시 만나게 된 것은 84년 9월. 이른바 '청계피복노조 복구'를 요구하는 격렬한 시위가 동대문에서 벌어졌다. 최루탄과 짱돌, 그리고 화염병이 난무한 이날 시위 현장은 전쟁터를 방불케 했다. 이날 경찰차도 몇 대 불탄 것으로 기억한다. 해가 저물고 경찰의 진압작전이 본격화되자 학생과 노동자로 이뤄진 시위대는 점차 흩어지기 시작했다. 혜화동에서 돈암동 방면으로 이동하고 있던 도중에 누군가가 어깨를 치기에 쳐다보았더니 바로 그 미싱사였다. 이 미싱사는 이른바 '선진 노동자'(노동자 계급의식을 가진 조직 노동자)였으며 필자가 '학출'(학생 출신의 줄임말로 대학생 출신의 위장취업자)이란 사실을 '공활' 당시에 이미 알고 있었던 것이다.

세 번째로 만난 것은 87년 1월로 기억한다. 구로공단 야학팀으로부터 연락을 받고 '가오리'에 위치한 디스코텍에 갔다. 당시 토요일 저녁만 되면 가오리는 젊은 아가씨들로 넘쳐흘렀다. 공장에서 일하던 아가씨들이 나름 잔뜩 멋을 내고 거리로 쏟아져 나와 배회했다. 그곳의 허름한 디스코텍들도 토요일 저녁만큼은 불야성을 이루며 만원이었는데, 8:2 혹은 7:3의 비율로 여성이 남성보다 많았던 점이 특징이었다. 이곳의 많은 젊은, 아니 '어린' 여공들은 외로움에 시달리고 있었고 이에 젊은 남성들의 유혹에 약한 경우가 많았다. 바로 이런 점을 노리고 건달들이 이곳 디스코텍에서 여공을 유혹한 다음 고생해서 번 돈을 다 털어먹는 일이 비일비재했다.

이날 지원(?)을 나간 것은 야학팀의 한 여공이 건달에게 속아 이른바 '몸도 돈도 다 털린' 일이 발생했기 때문이었다. 털리기만 했어도 그나마 다행인데 더욱 문제가 되는 것은 임신까지 한 사실이었다. 이 여공은 지난 2년 동안 밥도 제대로 먹지 않고 모은 돈을 한 건달에게 모두 갖다 바쳤는데 이 건달은 단물을 다 빼먹은 것을 알고 다른 사냥감을 찾아서 다시 디스코텍에 출몰하고 있다는 정보를 입수했던 것이다. 회의 끝에 응징하기로 결정했다.

한 여공을 데리고 디스코텍을 빠져 나온 건달을 미행했다. 그리고 자취방으로 들어가는 그 건달을 습격해 미리 준비한 각목으로 두들겨 팼다. 이 건달은 비명을 지르며 "너희는 누구냐? 어느 파냐?"고 외쳤다. 엉겁결에 "운동권파다"라고 대답했는데 지금 생각해도 웃음이 새어 나오곤 한다.

"너 아직도 빨갱이냐? 난 예수쟁이 됐어"

'응징' 이후 수술비를 마련해 임신한 여공과 함께 당시 여공 임신중절수술로 악명이 높았던 부천의 모 산부인과로 갔다. 이때 이 임신한 여공(당시 만17세)을 데리고 나온 사람이 바로 앞서 이야기한 미싱사였다. 이날 간호사의 표정은 지금 생각해도 끔찍하다. 징그러운 하급 동물을 바라보는 것 같은 경멸조의 표정! 이 간호사는 그 태아의 아버지가 필자라고 확신했던 것 같다. 수술을 마치고 택시에 태워 돌아오는 길에 미싱사가 씩 웃으며 필자에게 말했다. "학출치곤 제법 깡다구가 있는데…" 그 후 그 미싱사를 보지 못했다. 그러다가 거의 25년이 지난 뒤에 우연히 조우한 것이었다.

청바지를 찾으러 갔을 때 그 미싱사가 예전처럼 씩 웃으며 말했다. "너 아직도 빨갱이냐?" 조금 당혹스러웠다. "그렇게 말하는 누님은?" "나? 난 예수쟁이 됐어." 그녀는 필자의 눈치를 살피며 말을 이었다.

"너 00(임신중절수술한 여공) 기억하지? 그 년 그 이후에도 내가 아는 것만 해도 수술 2번 더 했어. 미친 년. 그렇게 외로움에 떨더니. 하기야 내가 빨갱이 물들어 날뛴 것도 다 외로움 때문이었지. 가 봐! 지금은 일이 바쁘니까. 아니, 솔직히 말하면 그때 알던 사람들 만나기 싫어. 참! 나 너희들이 욕하던 부르주아 됐다. 못 벌어도 한달에 500, 잘 하면 1,000만원 넘게 가져가. 아니지, 임금액수가 기준이 아니라고 했지. 그래! 난 지금 생산수단도 가지고 있고, 임금 노동자도 고용하고 있어. 이쯤 되면 완벽한 부르주아 아니야?"

'외로움', 어떻게 보면 이것이 수많은 혁명가들을 양성해 낸 원동력이었는지도 모른다. 하이예크가 일찍이 갈파했듯이 '거대한 질서'로 구성된 현대 문명사회는 '이타심'이나 '연대의식'이 아닌 '자기이익'(self-interest)에 의해 유지되고 있으며 또 그래야만 번성할 수 있는 체제인 것이다. 그렇지 않고 이 거대한 질서 전체를 이타심이나 연대의식으로만 유지시키려고 한다면 그 문명은 붕괴되고 말 것이다.

이러한 측면에서 '시장질서'야말로 현대 인류문명의 발전을 보장해 주는 기본 원리임에 틀림없다. 그러나 다른 한편 인간은 공동체적 질서로 회귀하고 싶은 본능적 욕구를 항시적으로 가지고 있는 존재이다. 그렇기 때문에 시장질서가 아니라 이타심과 연대의식이

보다 강한 동력이 되는 '소규모 질서'가, '거대 질서'를 유지시키기 위해서라도 공존해야 하는 것이다. 바로 이러한 소규모 질서의 대표적 형태가 '가족'과 '교회'(신앙공동체), 그리고 '동아리' 등이다.

가족과 교회 vs 이념과 혁명

70년대와 80년대 한국 노동자들은 엄밀한 의미에서 산업 프롤레타리아라기보다는 '도시 농민'(urban peasant)에 가까웠다. 배고파서 더 나은 삶을 찾기 위해 도시로 공단으로 몰려왔다. 가족으로부터 이탈된 그들을 기다린 것은 비정한 도시의 질서였다. 농촌 공동체에 익숙해져 있던 이들에게 차가운 익명성과 비정한 돈의 논리는 참기 힘든 것이었다. 그렇기에 도시와 자본을 저주했다.

그러나 그렇다고 농촌으로 돌아간 것도 아니었다. '콩조각도 나눠먹는' 고향마을에 대한 아련한 향수에 취해 보기도 하지만 고향마을의 본질은 지긋지긋한 가난이었던 것이다. 박탈당한 '소규모 질서'의 이타심과 연대의식에 대한 그리움은 어느 누구에게는 '이성(異性)에 대한 눈 먼 사랑'으로, 그리고 다른 사람에게는 '이념 추구'와 이를 통한 '동지애'와 '혁명운동'으로 발현된 것이었다.

사회주의 이념이 가족과 교회를 그렇게 싫어하는 이유가 바로 여기에 있다. 시장질서라는 거대 질서를 붕괴시키기 위해서라도, 이 거대 질서의 필수 보완제인 기초적 소규모 질서를 파괴해야 하는 것이다. 가족과 교회가 붕괴되면, 바로 그 자리를 사회주의 이념과 조직이 차지하고 들어 올 수 있기 때문이다. 사회주의자들은 가족을 해체시키고, 그 자리를 '유모 국가'(nanny state)로 채우려고 시도한다. 왜냐하면 '건강한 가족'에 대한 대안은 '해방'이 아니라 '강제개입 국가'(intrusive state)이기 때문이며 사회주의 혁명가가 원하는 것은 '고립된 개인으로 구성된 대중'(a mass of isolated individuals)이기 때문이다.

가정의 달을 맞이해 제임스 로비슨과 제이 리처즈가 공저한 〈분리될 수 없는〉(Indivisible)이란 책을 읽어 보았다. "너무 늦기 전에 신앙, 가족, 그리고 자유를 회복하자"는 것이 이 책의 주제이다.

이 책은 미국의 대표적 보수주의 개신교 지도자와 가톨릭 지도자가 함께 쓴 책이다. 저자들은 '사실상의 무신론'(practical atheism) 현상에 대해 경고하고 있다. 1주일에 하루, 그것도 잠깐만 '신앙인'이고, 그 밖의 다른 모든 시간에는 '무신론자'와 마찬가지로 생각하고 행동하는 그릇된 행태에 대한 지적이다.

국가가 줄 수 있는 건 '행복'이 아니라 '행복 추구권'

또 많은 현대 국가는 '정교 분리의 원칙'이란 미명 하에 '비공식적 국가 무신론'(unofficial state atheism)을 사실상의 국교(國敎)로 채택하고 있다는 것이다. 물론 교회가 국가를 대체하는 신정정치를 하자는 것은 아니다. 그리고 국가와 교회는 엄연히 분리돼야만 한다. 그러나 이것이 교회는 개인의 사적 영역에만 머물러야 한다는 것을 의미하는 것은 아니다. 만약 교회가 사적 영역에만 머문다면 그 교회는 '기복신앙'과 '사실상의 무신론'의 기이한 혼합 형태에서 벗어나지 못하는 오류를 범하게 될 것이다. 그리고 만약 종교가 정치에 개입하는 것이 엄격히 금지돼야 한다면 좌익들이 정치에 개입하는 것 또한 금지돼야 한다. 바로 그들에게 있어서 '이념'과 '정치'가 바로 그들의 '종교'이기 때문이다.

혹자는 "하나님의 것은 하나님에게, 가이사의 것은 가이사에게"라는 구절을 인용하며 교회의 정치적 중립을 주장하기도 한다. 그런데 진짜 문제는 가이사(welfare state)가 하나님의 것을 침범하고 있다는 사실이다. 진정한 행복은 하나님만이 주실 수 있다. 그런데 국가가 행복을 주겠다며 '바벨탑'을 쌓고 있다. 국가가 보장할 수 있는 것은 행복이 아니라 '행복 추구권'이다.

유럽은 역사로 회귀하는가?

조지 프리드먼의 **〈넥스트 디케이드(The Next Decade)〉**를 읽고

"아빠! 어떻게 그 친절한 독일 사람들이 그렇게 무지막지한 일을 저지를 수가 있었어?"

2001년 8월 조선일보 모스크바 특파원을 그만둔 뒤, 지금 아니면 이런 기회가 또 언제 있을까 싶어 아내, 딸과 함께 셋이서 유럽을 70일간 배낭여행하는 호사(?)를 누릴 기회가 있었다. 유레일 가족 패스를 끊은 뒤 각자 배낭 하나씩 메고 기차 가는대로 발길 닿는 대로 여행했다. 그러다가 폴란드 남부도시 크라코프를 거쳐 나치독일의 유대인 강제수용소 아우슈비츠를 방문한 적이 있다.

당시 만 10세였던 딸아이는 아우슈비츠를 견학한 뒤 식사를 제대로 하지 못했다. 잔인한 전시물에 충격을 받은 것이었다. 특히 딸아이는 독일인에 대해 매우 좋은 감정을 가지고 있었기에 그 여

파가 더욱 컸다. 여행 도중에 만난 독일인들은 매우 친절하고 따뜻했다.

그렇기에 아우슈비츠를 방문하기 이전만 하더라도 딸아이에게 독일인이란 '친절하고 예절바른 사람들'과 동의어였다. 당시 필자는 딸아이 질문에 적절히 대답하지 못했다. 단지 "눈앞에 보이는 서구 유럽의 평화와 번영이 항상적인 것은 아니고 어찌 보면 그러한 평화와 번영의 역사는 매우 짧은 것"이라고 답변했다. 딸아이는 고개를 끄떡였다. 그러나 제대로 이해하기엔 너무 어린 나이였다.

유럽은 유혈의 장소였다

그후 11년의 세월이 흘렀다. 어느덧 대학생이 된 딸과 '역사'와 '인간'에 대해 많은 토론을 한다. 특히 최근 '유럽의 위기'를 지켜보면서 유럽의 미래에 대해 많은 이야기를 나눴다. 이 과정에서 조지 프리드먼의 〈넥스트 디케이드〉를 함께 읽었다. 특히 제9장 '유럽의 역사로의 회귀'를 중심으로 이야기를 주고받았다. 이때 '유럽은 항상 유혈의 장소였다'(Europe has always been a bloody place)라는 문장이 중심 화두였다.

평화롭고 번영된 유럽의 역사는 매우 짧다. 서구 유럽이 평화와 번영을 누린 것은 '냉전' 이후이며 냉전 이전의 유럽 역사는 전쟁과 유혈의 역사라고 해도 과언이 아니다. 먼 역사는 차치하고라도 1648년 베스트팔렌 조약 이후 1945년 제2차 세계대전 종결까지 유럽에는 사실상 대형 전쟁이 끊이지 않았다. 물론 나폴레옹 전쟁 이후 등장한 '비엔나 체제' 하에서 상대적으로 긴 평화를 누리기도 한다. 그리고 그와 유사한 비교적 장기간의 평화체제가 제2차 세계대전 이후 '냉전체제'였다.

"냉전(Cold War)의 반대말은?"이란 질문을 던지면 많은 사람들이 당황해 한다. '냉전'이란 표현에 강한 선입관이 전재돼 있기 때문이다. 많은 사람들에게 '냉전' 혹은 '냉전적 사고'란 거의 욕설에 가까운 어휘이다. 심지어 대한민국의 모든 모순의 근원이 '냉전' 탓이라고 생각하고 있는 이들도 적지 않다. 그런데 현실에 있어서 '냉전'의 반대말은 '평화'(Peace)가 아니라, '열전'(Hot War)이다. '사자와 어린 양이 함께 뒹구는 세상'을 '평화'라고 생각하고, 이런 세상을 '현실의 세계'에 건설하려고 하는 사람들에게 '냉전'은 추악한 것일 수 있다.

그러나 '살아 있는 현실'과 '구체적 역사'를 살펴보면 '사자와 어린 양이 함께 뒹구는 세상'은 추구해야 할 이상일지는 모르지만 '현실'이 아니며 또 그러한 '역사'는 존재하지 않았다. 이러한 사실은 유럽의 역사에서도 확인된다. 냉전체제는 제1차 및 제2차 세계대전 참화 이후의 산물이다.

특히 핵무기의 등장과 맞물리면서 '열전'을 피하기 위해 구축된 체제이다. 만약 평화를 '전쟁 없는 상태'라고 규정한다면 냉전이야말로 '평화체제'이다. 한반도에서는 더욱 그러했다. 6.25라는 지독한 열전을 겪은 뒤 더 이상의 직접적 참극을 피하기 위해 구축된 체제가 냉전체제이다. 당시 냉전체제의 현실적 대안은 '평화체제'가 아니라 '열전체제'이었을 뿐이다.

냉전(Cold War)의 반대말은 열전(Hot War)

유럽의 냉전체제는 89년 베를린 장벽 붕괴와 91년 소련 해체를 통해 무너진다. 그리고 1992년 마스트리히트 조약(Maastricht Treaty)으로 유럽연합(EU)이 등장하고 1999년 유로존(Eurozone)이 형성되면서 유럽은 유례없는 번영을 맛보게 된다. 이러한 상황은 프란시스 후쿠야마의 '역사 종말론'을 입증해 주는 증거자료처럼 보이기도 했다.

2001년 9·11사건 이후 '역사로의 회귀론'이 제기되기도 했지만 이 역시 유럽과는 무관한 듯이 보였다. 물론 보스니아와 코소보에서의 살육전이 없었던 바는 아니지만 이 역시 변방의 지엽적 사건으로 취급됐다.

그러나 2008년 경제위기 이후 조지 프리드먼을 비롯한 현실주의 국제정치 이론가들이 '유럽의 역사로의 회귀'에 대해 언급하고 있는 것이다. 이러한 유럽의 역사 회귀론에 따르면 현재 유럽의 번영과 평화는 정상적인 역사과정이라기 보다는 '예외적인 일시적 현상'이다. 서구유럽은 경제적으로 번영을 누리고 있다. 그러나 이에 어울리는 군사력을 갖추지 못했다. 그리고 따라서 국제질서에서 자신의 위상에 맞는 역할도 수행하지 못하고 있다는 것이다.

사실상 유럽의 평화는 미국에 의해 유지됐다. 영국을 제외하고 유럽 대륙의 대부분의 국가는 나치독일로부터 자신을 수호하지 못했다. 자부심 강한 프랑스의 경우도 마찬가지였다. 프랑스를 나치독일로부터 해방시킨 것은 영미 연합군이었다.

군사적으로 드골의 자유 프랑스군이 한 역할은 사실상 미미하다. 물론 군사적 역할만이 중요한 것은 아니었다. 미군, 영국군 다음으로 많은 병력을 참전시킨 '자유 폴란드군'(자유 프랑스군보다 훨씬 많은 병력이었음)이었지만 폴란드를 친소진영에 넘겨줘야 했던 사실을 볼 때 정치 외교적 역할이 군사적 역할 못지않게 아니 때로는 더 중요하게 작용했음을 알 수 있다.

독일이 통일될 때 미테랑 프랑스 대통령은 물론 대처 영국 총리도 반대했다. 미국의 설득으로 이들이 마지못해 독일 통일을 인정할 수밖에 없었는데, 그때 영국과 프랑스가 미국에 제시한 조건이 나토(NATO)의 온존과 독일이 나토에 잔류하는 것이었다.

즉 나토체제를 통해 독일이 다시 유럽의 패권국가로 등장하는 것을 저지하려 했던 것이다. 독일의 이른바 통일비용을 언급하면서 한반도 통일을 우려하는 사람들이 있다. 이 사람들의 주장이 설득력을 가지려면 독일이 통일 때문에 망하거나 그렇지 않더라도 최소한 큰 타격을 받았어야만 한다. 물론 독일통일 과정에서 혼란이 전혀 없었던 것은 아니다. 그러나 현재 독일의 모습을 보면 유럽 최대 강국이 됐음을 알 수 있다. 현재 '유로존'을 유지시키는 것은 독일경제이며 오히려 이른바 톨레랑스의 프랑스는 파산 위기에 처해 있음을 알 수 있다.

현재 영국은 유럽대륙보다는 미국과의 동맹을 중시하고 있다. 그리고 네덜란드를 제외한 유럽중심부(European heartland)는 반미적 경향을 띠고 있는 반면 폴란드, 체코 등과 같은 대부분의 주변부(periphery) 국가들은 친미적 성향을 보여주고 있다. 이른바 구유럽(Old Europe)대 신유럽(New Europe)의 대립구도가 형성되고 있는 것이다. 이런 와중에 유럽 경제위기는 유럽경제에서의 독일의 위상을 더욱 강화시키고 있다. 이러한 상황에서 더욱 우려할 만한 일은 독일의 대(對)러시아 에너지 의존도가 날로 심화되고 있다는 사실이다.

이러한 현실은 '강한 러시아'를 추구하는 푸틴의 러시아와 맞물리면서 유럽의 기존 판도를 흔드는 주요 축으로 작동하기 시작하고 있다. 바로 이 지점에서 폴란드의 새로운 위상과 역할에 대한 관심도 고조되고 있다. 단, 역사적 배신에 대한 폴란드의 과민 반응이 폴란드의 행동범위를 규정짓는 주요 요인이 될 것으로 보인다.

지하철역에서 본 '톨레랑스'

아우슈비츠를 방문한 뒤 여러 나라를 거쳐 프랑스 파리에 도착했다. 저녁 9시가 넘어 지하철을 탔다. 표를 내고 타는 사람이 없었다. 개찰구를 허들 시합하듯 훠훠 뛰어넘는 것이었다. 역무원은 멍하니 쳐다 볼 뿐 말릴 생각조차 하지 못했다. 열차 안에 들어가니 유럽계 인종은 거의 보이지 않았다. 대부분 아프리카 흑인이거나 아랍계 인종이었다. 아니 젊은 여성도 보이지 않았다. 한 프랑스

인과 이런 경험에 대해 이야기를 나눈 적이 있다. 그 프랑스인은 처음에는 이 문제에 대해 이야기하는 것 자체를 꺼렸다. 잘못 접근하면 '인종주의자' 내지는 '극우분자'로 몰리기 쉽기 때문이었다. 그러나 코냑을 한 잔 한 뒤 말문을 열었다. "지하철에서 경찰이나 역무원이 그들을 막지 못하는 것은 잘못하면 자신의 몸만 다칠 뿐이고 그렇지 않더라도 그들을 잘못 건드리면 인종주의자로 몰리기 때문"이라는 것이었다. 그리고 "그렇기에 르펜이 인기를 누리고 있다"라고 덧붙였다.

이러한 모습에서 이른바 톨레랑스의 본질을 보았다고 말한다면 지나친 비약일까? 한국에는 프랑스 좌익 지식인들의 담론을 좋아하는 사람들이 의외로 많다. 이 역시 우연만은 아닌 것 같다. 드골이 이룩한 경제기반 위에서 부르주아적 삶을 영위하면서 와인 잔을 들고 프롤레타리아 운운하는 프랑스 지식인들의 모습에서 한국 좌익 지식인들의 허위의식을 보았다고 말한다면 지나친 매도일까?

볼쇼이 극장표에 숨겨 있던 불편한 진실

스티브 포브스, 엘리자베스 아메스 共著
〈자본주의는 우리를 어떻게 구할 것인가(How Capitalism Will Save Us)〉를 읽고

1997년 11월로 기억한다. 당시 러시아에서는 볼쇼이 극장 입장료 인상 문제를 둘러싸고 논쟁이 진행되고 있었다. 볼쇼이 극장 지배인이 TV에 나와 "만약 볼쇼이 극장 입장료를 인상할 경우 볼쇼이 극장의 발레와 오페라는 일부 부유층의 오락물로 전락될 것이며 대다수의 민중들은 볼쇼이의 높은 문화를 더 이상 향유할 수 없게 될 것"이라고 주장했다.

이러한 볼쇼이 극장 지배인의 민중에 대한 뜨거운 사랑(?)은 많은 시청자들의 공감을 불러 일으켰으며, "정부예산이 부족하며, 따라서 입장료 인상이 불가피하다"는 입장을 반복할 뿐인 반대 토론자의 입장은 많은 러시아 국민들의 공분을 일으킬 뿐이었다. 그러나 시청하던 '콤소몰스카야 프라우다'(공산청년동맹의 진실) 문화부 기자

들은 어이없다는 표정들을 짓고 있었다.

볼쇼이 극장을 처음 구경해 본 것은 1990년 12월이었다. 이때 러시아를 처음 방문했는데 거리 모습은 매우 실망스러운 것이었다. 기대했던 '활기찬 사회주의 국가'의 모습은 전혀 감지할 수 없었고 죽은 유령의 도시마냥 사회 전체가 활력을 상실했다는 느낌만을 줄 뿐이었다. 당시 머릿속에 각인된 '사회주의 이념'과 눈앞에 펼쳐진 '사회주의 현실' 간의 괴리는 '인지부조화'(認知不調和)를 만들어 내기에 충분한 것이었다. 그러나 당시만 하더라도 눈앞에 보이는 현실을 '허위의식'에 애써 끼워 맞추려고 무척 노력했다. 바로 이러한 인식의 딜레마를 다소나마 완화시켜 준 것이 '볼쇼이 극장'이었다.

그 웅장함과 화려함, 그리고 청중을 압도하는 공연, 그리고 무엇보다도 "자본주의 사회와 달리, 사회주의 국가에서는 이런 고급문화를 일반 노동자들도 누린다"는 안내원의 설명은 흔들리던 사회주의 우월성에 대한 신념을 잠시나마 바로 잡아줄 수 있었다. 당시 볼쇼이 극장 요금은 미화로 0.5달러 수준에 불과했던 것이다. 그리고 귀국해서 전노협(민노총의 전신) 노동자들에게 볼쇼이 극장을 예로 들면서 사회주의 체제의 우월성을 선전하기도 했다.

그러나 1997년 취재해 본 볼쇼이 극장의 실체는 충격을 넘어 가증스러운 것이었다. 저렴한 가격 덕분에 민중들이 볼쇼이 극장을 즐길 수 있다는 사실은 거짓이었다. 1달러 미만인 볼쇼이 극장표는 구할 수가 없었다. 표는 매표소에 애초에 나오질 않았다. 간혹 매표소에 거래되기도 했는데 이는 전체 극장표의 10% 미만이었으며 이 경우도 이른바 '검열'을 피하기 위한 '눈 가리고 아웅'일 뿐이었다. 대부분의 표는 매표소를 거치지 않고 마피아의 손에 들어갔으며 이들 마피아에 의해 '암시장'(Black Market)에서 미화 100달러의 가격으로 거래되고 있었다.

물론 공식(?)가격으로 표를 구하는 방법이 있다. 정부 고위층 인사를 통해 볼쇼이 극장 관계자에게 전화를 걸면 된다. 즉 민중을 위한다며 정부 보조금에 의해 인위적으로 낮춰 놓은 볼쇼이 극장 표는 '암시장'에서 '시장가격'으로, 그리고 정부의 '권력'에 의해 배분되고 있었던 것이다.

그럼 지배인은 왜 가격인상(정확히는 현실화)에 반대하는 것이었을까? 그 지배인이 바로 마피아 성원이었기 때문이다. 즉 가격이 현실화되면 암시장 이익이 줄어들게 되고 이 경우 자신의 이익이 침해되기 때문이었다. 그런데 '민중의 이익'을 운운하며 TV 토론에 나와 떠들고 있는 꼴이라니?! 사실이 이러한 '사기극'의 본질은 '시장경제'에 대한 기초 상식만 알고 있더라도 쉽게 간파할 수 있는 것이었다.

인간이 필요로 하는 재화나 용역은 항상 부족하게 마련이며 따라서 이러한 부족한 재화나 용역을 '시장'이 분배할 수 없다면 '경제외적 강제'(經濟外的 强制), 즉 조폭이나 국가권력에 의해 인위적으로 분배할 수밖에 없는 것이다. 물론 다른 방법도 있다. 제비뽑기나 선착순 그리고 암시장이 바로 그것이다.

한국 지식인 사회는 자본주의나 시장경제에 대해 부정적 태도를 보이는 경우가 많다. 좌익이든 우익이든 '고상한 지식인'이 돈과 같이 '더러운 것'에 대해 논하는 것 자체가 천박하다는 사회적 풍조가 강고하다. 혹 시장경제를 옹호하더라도, 필요악 정도로 여기는 경우가 대부분이며 대안이 없기 때문에 자본주의 체제를 인정할 뿐, 자본주의 체제 자체를 지지할 수는 없다는 것이 많은 '먹물'들의 입장이다. 그렇기에 시장과 자본주의를 옹호할 때는 뭔가 뒷골이 당기는 것 같은 느낌을 받는다고 말하는 우익 지식인도 있다.

최근 〈자본주의는 어떻게 우리를 구할 것인가〉라는 책을 읽어 보았다. 2008년 글로벌 경제위기 이후 다시 고개를 쳐들기 시작한 '시장경제 한계론'에 대한 답변서이다. 이 책의 저자는 미국 서브프라임 모기지 문제로 발발된 경제위기의 본질은 '시장의 위기'에 기인한 것이 아니라 잘못된 '정부의 개입'에 있다고 역설하고 있다. 현재 신문과 방송의 보도 내용을 보면 2008년 경제 위기는 '시장의 탐욕' 때문이며, 따라서 '과도한(?) 시장'을 억제해야 된다는 입장을 상식(?)으로 만들어 가고 있다. 이는 이른바 보수 언론매체의 논조도 마찬가지다.

그리고 이러한 사회적 흐름과 함께, '경제 민주화'의 구호가 울려퍼지기 시작하고 있다. 민주화란 무엇일까? 민주화란 문자 그대로 민(民)이 주(主)가 되는(化)것이다. 그런데 일부에서 외치는 '경제 민주화'의 내용을 살펴보면 민이 주인이 되는 것이 아니라 민의 입장을 대변한다고 자처 혹은 착각하는 관료 및 일부 지식인들에 의한 '계획' 혹은 '권위적(혹은 강제적) 분배'인 것이다. 사실 진정한 '경제 민주화'가 필요하다. 진정한 '경제 민주화'는 경제 주권을 경제 관료나 일부 지식인들의 손과 머리로부터 일반 경제주체 소비자와 기업에게 돌려주는 것이다.

일반 국민의 경제적 판단은 시장에서 이뤄진다. 그런데 이러한 사실을 무시하면서 '민주화'를 논하는 것은 어불성설이다. 차라리 일반국민들과 기업은 경제에 대해 무지하니, 내가 대신 결정해 주겠다고 말하는 편이 솔직한 태도일 것이며, 이런 경우 이것은 옳고 그름을 떠나 적어도 '민주화'란 말을 사용해서는 안 될 것이다.

〈자본주의는 어떻게 우리를 구할 것인가〉는 일독을 권할 만한 책이다. 다행히 번역본도 나왔다. 그러나 안타까운 것은 지나치게 미국 이야기로 가득 차 있다. 특히 미국 의료보험 제도에 대한 설명은 사전지식의 미비로 지루하게 느껴졌다. 번역을 넘어서서, 우리 사례로 설명한 번안서가 있었으면 하는 아쉬움이 남았다.

버스를 타고 가는데 "문화는 상품이 아니다"라는 어느 국립극장 노동조합의 플래카드를 볼 수 있었다. "문화는 자본의 논리에 따를 수 없다"는 것이었다. "그런가? 그렇다면 당신들은 발전을 위해서 봉사하면 되겠군"이란 생각이 들었다. '상품 아닌 문화'를 만드는 분들께 천박한 돈 따위가 아닌 고상한 명예를 드리는 것이 그 분들의 품격에 맞는 행위라는 생각을 떨칠 수 없었다.

6·25는
삶의 방식을 둘러싼 성전이었다

데이비드 핼버스탬의 〈**콜디스트 윈터(The Coldest Winter)**〉를 읽고

1998년 8월 터키 이스탄불 부근의 해수욕장. 필자는 백사장 파라솔에서 누워 파인애플 주스를 홀짝거리며 물놀이에 열중하고 있는 비키니 차림의 러시아 아가씨들 몸매를 감상(?)하는 호사를 누리고 있었다. 당시 쿠르드족 문제를 취재하고 있었는데 취재는 제대로 이뤄지지 않았다. 터키 당국이 쿠르드족 문제에 매우 민감하게 반응하고 있었을 뿐만 아니라 쿠르드족 자체도 여러 정파로 나뉘어 서로 헐뜯고만 있었기 때문이었다.

하여튼 다소 시간이 남아 지친 몸과 마음을 추릴 겸 지중해에 인접한 해수욕장에 들렀다. 해수욕장은 러시아 관광객으로 넘쳐흘렀다. 터키가 러시아 관광객들에게 쉽게 비자를 발급해 주었을 뿐 아니라 물가도 저렴했기 때문에 당시 해외여행과 따뜻한 햇볕에 굶주려 있던 많은 러시아들이 터키 해변으로 대거 몰려들었던 것이다.

오랜만에 따뜻한 햇살과 신선한 바람을 즐기고 있는데 한 터키 청년이 다가와 말을 걸었다. 그러나 불행하게도 그의 영어를 이해할 수 없었다. 열심히 뭔가 설명하던 그도 내가 전혀 알아듣지 못한다는 사실을 깨닫고 다소 절망스런 표정을 지은 뒤 어디론가 사라졌다. 그리고 몇 시간이 흘렀다. 호텔로 들어가려고 하는데 그 청년이 다른 청년 한 사람을 데리고 왔다. 영어를 할 줄 아는 친구를 데려온 것이었다.

이 통역을 통해 코리언이냐고 물었다. 그렇다고 대답했더니 남(South)이냐 북(North)이냐고 묻는 것이었다. 남이라고 대답했더니 좋아하면서 자기 집에 초대하고 싶다는 것이었다. 자신의 할아버지가 꼭 만나보고 싶어 하신다는 것이었다. 전혀 아는 사람이 없는 이국 땅에서 우연히 처음 만난 사람이 초청하는 곳으로 그냥 쫓아갈 정도로 용감한 성격이 아니었다. 그래서 거절한다는 의미에서 "너희 할아버지가 꼭 만나겠다면, 내일 이곳으로 모시고 오라"고 이야기한 뒤 호텔 건물 안으로 들어가 버렸다.

다음날 휠체어를 탄 노인을 모시고 그 청년이 왔다. 이 노인은 6·25 참전 상이용사였다. 1951년 1월 중공군과의 전투에서 다리를 잃은 뒤 자신의 삶을 원망하고 살았다는 것이었다. 한국하면 찢어지게 가난한 나라, 한국인하면 이(lice)가 득실한 사람들로만 생각됐다는 것이었다. 희망이라곤 전혀 보이질 않았으며 도대체 이런 나라를 수호하기 위해 피를 흘려야 하는 이유를 이해할 수 없었던 것이 참전 당시의 솔직한 심정이었다고 한다.

터키 해수욕장에서 만난 6·25참전용사의 눈물

그렇기에 당시 전사한 동료들의 죽음은 '개죽음'이었으며, 자신의 부상은 무가치한 것으로 생각했다는 것이었다. 한국 소식은 거의 들리는 것이 없었고 간혹 뉴스가 나오면 온통 혼란과 정치적 탄압 소식 밖에 없으니 그런 곳을 위해 다리를 잃은 자신이 한심스러울 따름이었다는 것이었다.

이 터키 노병의 생각, 아니 인생을 다시 바꿔 놓은 사건이 발생했는데 그것이 1988년 서울 올림픽이었다. TV를 통해 비춰진 한국의 모습은 경이, 그 자체였다. "정말 저것이 내가 갔었던 한국이란 말인가?" 처음에는 믿을 수조차 없었다. 언론 조작이 아닌가 하는 의구심도 들었다. 그러나 이를 계기로 한국에 대한 소식을 다시 모으기 시작했다. 한국의 발전상은 뉴스가 아닌 생활을 통해 더욱 와닿기 시작했다. 삼성전자 제품과 현대자동차가 바로 그것이었다. 이러한 사실들이 확인되면서 인생이 변화되기 시작했다. 자신의 삶은 결코 무의미한 것이 아니었다. 자신의 다리가 바로 저런 번영을 일궈내기 위한 밑거름이었다고 생각하니, 자신의 삶이 더없이 값진 것이 됐다.

이 할아버지는 필자를 잡고 울음을 터트렸다. "정말 고맙다. 너희가 잘 살게 돼서. 만약 너희가 그때(6·25 당시)처럼 계속 굶주림 속에 있었다면 나는 나의 인생의 의미를 찾을 수 없었을 것이다. 왜 남의 나라 내전에 끼어들어 다리만 잃어 버렸나 하고 삶을 원망해 왔는데… 그 전쟁은 단순한 외국의 내전이 아니었어. 자유와 번영을 추구하는 사람들과 이를 파괴하려는 세력의 전쟁이었어. 나는 수백만, 아니 수천만이 자유와 번영을 누리고 살 수 있도록 정말 조그맣기는 하지만 기여를 했다는 자부심을 가지고 살 수 있게 된 거야." 필자도 함께 울었다. "땡큐"란 말은 필자가 먼저 했어야 하는 말인데, 이 말을 필자가 들어야 하는 역설적 상황에서, 그저 눈물이 앞을 가릴 뿐이었다.

자유수호 전쟁

우리는 언제부터인가 6·25를 '동족상잔의 비극'으로만 해석하고 있다. 분명 6·25는 동족상잔의 비극이다. 같은 민족끼리 싸우고 죽였으니 동족상잔의 비극인 것은 사실이다. 그리고 이러한 비극이 재연되면 결코 안 된다. 그러나 6·25는 단순히 '무가치한 비극'이 아니다. 6·25는 갓 태어난 대한민국을 수호하기 위한 '자유 수호 전쟁'이었다. 한민족 5천년 역사에서 처음으로 1948년 8월 '자유의 공화국' 대한민국을 건국했다. 물론 당시 상황으로 인해, 많은 문제점과 불완전한 모습이 있었던 것도 사실이다. 그러나 대한민국은 한반도에서 처음으로 '자유'와 '공화국' 이념을 기반으로 세워진 국가이다.

그리고 그러한 '씨앗'이었기에, 오늘날 우리가 누리고 있는 것과 같은 '열매'를 맺을 수 있었다. 그런데 이러한 씨앗이 뿌리를 내리기도 전에 이를 없애 버리려는 세력이 전쟁을 일으켰으며 이를 '피'로써 지켜낸 것이 '6·25전쟁'의 본질이다.

6·25는 '무가치한 관념'(ideology) 때문에 싸운 전쟁이 아니다. 생존과 삶의 방식을 둘러싼 '성전'(Holy War)이었다. 자유민으로 살 것이냐 노예로 연명할 것이냐를 놓고 자유를 선택한 사람들이 노예를 강요하는 세력에 맞서 싸워, '자유의 공화국'을 수호한 전쟁이었다. 그렇지 않다면, 낙동강 방어선을 육탄으로 지켜낸 호국 영령들의 희생은 '헛된' 것이 될 수밖에 없다.

"모든 전쟁은 악이며, 아무리 나쁜 평화라도 전쟁보다 낫다"고 말하는 자들도 있다. 이들은 전쟁 공포심을 자극, 전쟁 혐오감을 증폭시키면서 자신을 평화주의자로 위장하곤 한다. 이들의 주장대로라면, 낙동강 전선에서 산화한 국군장병의 희생은 '헛된' 정도가 아니라 '바보짓'이었다. 나쁜 평화(=항복과 이에 따른 노예적 삶)가 전쟁보다 좋은 것인데, 목숨까지 받쳤으니…

위선적인 종북 평화주의자들

그런데 재미 있는(?) 사실은 '허무주의적 평화주의자'인 것처럼 보이는 이들이 북한의 '선군정치'에 대해서는 입을 다물고 있다는 점이다.(아니 노골적으로 옹호하는 자들 조차 있다!) 이들의 조국은 대한민국이 아니다. 이들은 노골적으로 조선민주주의 인민공화국 편을 들거나, 아니면 제3자 입장에서 마치 '심판'이라도 된 것처럼 행세하고 있는 것이다. 공정한 심판이라면 그나마 봐 주겠는데, 문제는 매우 편파적이라는 사실이다. 북한 문제는 '내재적 접근'으로 이해할 수 있는 사람이 왜 '유신'이나 '5·18'에 대해서는 그토록 적대감을 표시하는지 … '내재적 접근법'을 들이대면, '유신'도 '5·18'도 모두 다 이해될 수 있을 텐데…

6·25전쟁 62주년을 맞이하여, 데이비드 햄버스탬 기자가 쓴 〈콜디스트 윈터〉를 다시 읽어 보았다. 여기서 '가장 추운 겨울'이란 1950년에서 1951년 사이의 겨울을 말한다. 미군이 참전한 전쟁 중에서 가장 추운 겨울이었던 것이다. 600페이지가 넘는 분량이지만 햄버스탬 기자 특유의 '새로운 저널리즘'(new journalism), 즉 '픽션적 테크닉'(fictional techniques)을 사용한 스토리텔링적 화법 덕분에 손에 땀을 쥐고 숨도 쉬지 않고 읽어 내려갈 수 있었다. 낙동강 전선에서의 미군 제2사단 제2공병대대 이야기, 청천강 부근 군우리 전투, 미 해병대의 장진호 전투 등의 이야기 전개는 영화를 보는 것 같은 착각을 불러 일으킬 만큼 생생하게 묘사돼 있다.

햄버스탬 기자는 6·25전쟁에서의 주요 오판 4가지에 대해 이야기하고 있다. 첫째는 미국이 6·25 이전에 한반도를 방어선에 포함시키지 않은 애치슨라인의 발표이다. 이로 인해 김일성과 스탈린에게 남침해도 미국이 개입하지 않을 것으로 착각하게 만들었다는 것. 두 번째 오판은 미군의 참전 초기, 미군이 인민군의 군사력을 얕잡아 보았다는 것이다. 이 오판으로 전쟁 초기 미군이 어려움을 당했다는 것이다.

세 번째 오판은 맥아더 장군이 중공군의 개입 가능성을 오판한 것이다. 인천상륙작전 성공으로 맥아더 장군의 권위는 하늘을 찌르는 것이었고 따라서 중공군이 전면적으로 참전하지 못할 것이라는 맥아더 장군의 주장에 대해 감히 아무도 이견을 제시할 수 없었으며 그 결과가 운산지구와 장진호에서의 참패이었다.

마지막 오판은 마오쩌둥의 오판인데 마오쩌둥은 초기 북한 지역에서의 승리에 도취, '혁명적 열정'으로 미군의 화력을 누를 수 있다고 오판한 것이다.

이러한 오판 분석을 읽으면서 자신의 득점보다는 상대방의 '자살골' 때문에 판세가 바뀌는 한국 정치판의 현실을 떠올리기도 했다. 앞의 4가지 오판 가운데 첫 번째를 제외한다면 모두 '자만'에서 나온 오판이었다는 사실을 다시금 곱씹어 보았다.

88년 소련팀을 응원했던 '쓸모 있는 바보'

모나 채런의 〈**쓸모 있는 바보들(Useful Idiots)**〉을 읽고

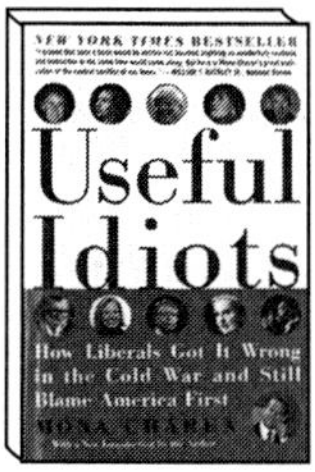

88년 9월 28일 잠실체육관. 미국과 소련의 농구경기가 벌어지고 있었다. 미국이 압승할 것이라는 당초의 예상과 달리, 2.23m의 장신 사보니스를 앞세운 소련팀이 경기를 주도해 나가고 있었다. 이 경기를 지켜본 한국 관중들은 열광적으로 소련팀을 응원했다. "소련 이겨라" "USSR 파이팅" 구호가 외쳐졌다.

일부 관중들은 낫과 망치가 그려진 소련국기를 흔들기도 했다. 심지어 "잘한다! 씨씨피"라는 엉터리 응원구호도 외쳐졌다.(러시아 키릴문자로 소련을 CCCP라고 표시하는데, 이를 영어 알파벳으로 옮기면 SSSR에 해당된다. 즉 키릴문자 CCCP는 '세세세르' 라고 발음해야 한다. 그런데 일부 관중들이 소련 선수 운동복에 적혀진 러시아 키릴 문자를 영어로 착각해서 '씨씨피' 라고 읽은 것이다!)

당시 필자는 흐뭇한(?) 미소를 띠며, 관중석을 한 바퀴 돌았다. 이번 '소련 응원 투쟁'이 대성공임을 확인할 수 있었던 것이다. 그리고

경기장을 빠져 나와, 이번 투쟁 결과를 초조하게 기다리고 있는 지도부가 기다리고 있는 한 호프집으로 서둘러 걸음을 옮겼다. 경기 결과는 82 : 76. 소련팀의 승리였다. 세계 언론은 소련팀의 승리, 아니 한국인들의 열광적 소련팀 응원을 대서특필했다.

88년 주사파들의 '분단 올림픽' 저지 투쟁

88년 주사파들은 이른바 '분단올림픽 저지투쟁'을 전개하기 시작했다. 이들은 "88올림픽은 영구분단을 획책하려는 미국과 그의 하수인 군사독재정권의 음모이기에 결사 저지해야 한다"고 주장하면서, 88올림픽을 저지하기 위한 각종 시위투쟁을 전개해 나갔다. 특히 주사파가 장악하고 있던 전대협(전국대학생대표자협의회)은 '88올림픽 저지투쟁'에 총력을 기울이고 있었다.

이러한 88올림픽 저지투쟁노선은 이른바 '한민전(한국민족민주전선)이라 불리는 북한의 대남조직에 의해 주도됐으며, '한민전'의 대남방송인 '구국의 목소리' 방송은 "어떠한 희생을 치르더라도 분단 올림픽은 반드시 저지돼야 한다"고 연일 선동하고 있었다. 그 결과 대학가는 88올림픽 반대 구호와 플래카드로 뒤덮여 있었으며, "88올림픽 저지"를 외치는 대학생들과 전경의 거리 전투로, 주로 거리가 화염병과 최루탄으로 뒤덮이곤 했다.

반면 PD파 운동권 세력들은 88올림픽 저지투쟁보다는 '민중생존권 수호투쟁'이 더 중요하다는 입장을 취하면서, 주사파의 '88올림픽 저지투쟁'에 일정 정도 거리를 유지하고 있었다. 그러나 88올림픽이 다가오면서 88올림픽을 무시하고 이른바 '민중생존권 수호투쟁'만을 전개할 수는 없었다. 적어도 88올림픽에 대해 입장을 표명할 것을 강요받기 시작한 것이었다. 이러한 정세 속에서 필자가 소속돼 있던 이른바 '여명그룹'이라 불린 마르크스-레닌주의 운동조직은 일본을 통해 입수한 소련의 'Progress 출판사' 문헌들을 면밀히 검토하고 있었다.

'Progress 출판사'는 소련의 대외선전기관으로서, 공산주의 이론 혹은 소련의 입장을 대변하는 내용의 각종 출판물을 영어, 일어를 비롯한 각종 외국어로 출판하고 있었다. 당시 소련은 이른바 '평화와 민주주의, 그리고 진보를 향한 투쟁노선'을 주장하고 있었으며, 이 입장에서 "88올림픽은 평화와 진보를 위한 투쟁의 교두보가 돼야 한다"고 역설하고 있었다.

다시 말해, 북한의 88올림픽 저지투쟁 입장을 반대하고, "88올림픽을 사회주의권 위상을 높이는 친사회주의 선전의 계기로 삼아야 한다"고 주장하고 있었던 것이다.

당시만 하더라도 감히(!) 사회주의를 공개적으로 선전할 수 없었다. 그렇기에 분명히 마르크스-레닌주의자 혹은 김일성주의자였음에도 불구하고, "좌경 용공 조작하지 말라"고 외치고 있었던 것이다. 당시 여명그룹은 이러한 '타부'를 깨뜨려야 한다고 생각했으며, 이러한 '타부파괴 선도투쟁'(혹은 사회주의자 커밍아웃투쟁)을 88올림픽을 계기로 전개하기로 결심했던 것이다.

특히 이미 소련과 중국은 물론, 북한과 쿠바를 제외한 거의 모든 사회주의권 국가들이 참여를 결정한 마당에 '88올림픽 저지투쟁'은 무의미하다고 판단한 것이었다. 오히려 이러한 사회주의권 국가들이 대거 참여한 것을 계기로 '사회주의 옹호투쟁' 혹은 '반공이데올로기 무력화투쟁'을 전개하는 것이 올바르다고 생각했던 것이었다.

소련팀 응원단을 구성하다

바로 이러한 투쟁의 한 방법 혹은 '투쟁고리'로서, 소련팀 응원단 구성을 추진하게 됐다. 특히 당시 88올림픽에 참가한 일부 미국 선수들의 건방진 행동은 많은 한국인들의 눈살을 찌푸리게 만들었다. 이러한 분위기는 대학가를 중심으로 확산되기 시작한 반미 정서와 결합되면서 더욱 증폭되기 시작했다.

특히 약팀에 대해 응원하는 분위기가 강한 한국민의 정서는, 처음 대면하는 사회주의권 운동선수들에 대한 호기심과 맞물리면서, '반미친소 분위기'를 만들어 내고 있었던 것이었다. 이러한 분위기와 정세에 맞춰, 9월 28일 미소 농구경기를 디데이로 선정, 이른바 '소련 응원투쟁' 계획을 수립하고 실행에 옮겼다.

당장 동원하기 쉬운 학생운동조직을 움직였다. 학생운동조직을 통해 200명 정도의 행동대 조직이 가능하다는 보고를 받았다. 훈련된 3학년 학생이 각각 1~2학년 학생 4~8명을 데리고 잠실체육관에 집결했다. 팀장격에 해당되는 3학년 학생들은 이른바 '현장 지도부'의 지시에 따라 일사분란하게 움직였다.

앞서 이야기한 것처럼, 왠지 모를 미국에 대한 반감과 사회주의권에 대한 호기심, 그리고 약팀에 대한 동정심으로 어우러진 분위기가 체육관을 휘감고 있었는데, 약 200명의 조직된 응원단이 나타난 것이었다. 경기장은 완전히 소련 홈그라운드를 방불케 했다. 미국 선수들은 적지에 들어온 느낌을 받았을 것이다.

이러한 응원 탓인지, 예상을 뒤엎고 선전한 소련팀이 승리했다. 그날 외신의 주요 뉴스였다. 친미반공의 기지로만 알려진 대한민국에서 미국팀이 일방적으로 야유당하고, 소련팀이 응원되는 믿기 어려운 현상이 일어난 것이었다.

1990년 12월 처음 모스크바에 들어갔을 때, 필자는 88올림픽에서의 '소련응원단 투쟁'을 자랑했다. 그리고 공식적(?)으로 환대받았다. 그리고 영웅이 된 양 우쭐거리기도 했다. 그러나 1991년 8월 소련 불발 친위쿠데타 이후 소련이 사실상 해체돼 갈 때 88올림픽이야말로 "사망해 가던 소련 사회주의에 대해 마지막 일격을 가한 사건"이라는 것을 깨닫게 됐다. 당시 소련공산당 중앙위 국제국 비서들과 토론할 기회를 가졌는데 이들은 "88올림픽의 충격은 뇌사 상태로 누워 있던 소련 사회주의에게서 인공호흡기를 제거해 버린 것과 마찬가지였다"고 말하는 것이었다.

소련 붕괴시킨 88올림픽

1980년 모스크바 올림픽을 소련의 아프가니스탄 침공에 대한 항의로 미국을 비롯한 서구진영이 거부했으며, 이에 대한 항의로 1984년 로스앤젤레스 올림픽을 동구진영이 거부했다. 그 결과 12년 만에 서구와 동구 진영이 모두 참여하게 된 88서울 올림픽에 대한 기대는 남다른 것일 수밖에 없었다.

소련 공산당 국제국 간부들의 말을 빌리자면 당시 소련은 대한민국 수준을 우습게 알고 있었던 것이었다. 그렇기에 소련과 사회주의에 대한 선전장소로 삼으려 했으며 서방국가에서 열린 과거 올림픽과 달리 소련 언론에 대한 통제도 크게 강화하지 않았다. 1985년 시작된 페레스트로이카(개혁)와 글라스노스티(개방)에 대한 고르바초프 정부의 의지를 강조하려는 의도도 있었다.

그런데 TV화면을 통해 비춰진 서울의 모습은 일반 소련국민은 물론 소련 지도부를 경악시키기에 충분한 것이었다. 과거 서구에서의 올림픽과는 전혀 다른 영향이었다. 서구 국가에서의 올림픽에 대해서는 소련 당국도 나름대로 많이 대비했다. TV화면과 앵글로 교묘히 잡으려고 노력했다. 그리고 소련 국민들에게 설명할 말이 있었다.

"서구가 잘 사는 것은 제국주의적 착취 덕분이며, 그나마도 일부 계층에 한정된 것"이라는 선전은 나름대로 설득력을 지닌 것처럼 들렸다. 아니 일반 소련 국민들에게 미국이나 영국이 소련보다 잘

사는 것은 원래 그러했기 때문에 별로 놀라운 사실이 아니었다. 그러나 대한민국의 모습은 달랐다. '미제국주의 착취 대상'인 한국이 저토록 발전된 모습을 보이다니? 도저히 이해할 수 없는 일이었다. 더욱이 페레스트로이카 등의 여파로 거의 여과 없이 서울의 모습이 소련 각 가정의 TV를 통해 비춰지고 있었던 것이었다.

서울의 성공된 모습은 사회주의의 실패와 극렬한 대조를 이루며 소련 국민들 가슴 속을 파고들었다. 단지 소련 일반 국민들만이 아니었다. 소련 지도부도 '정신적 공황'을 맛보았던 것이다. 이러한 상황은 비단 소련만이 아니었다. 1992년 처음 여행해 본 동구권 국가들에서도 88올림픽 이야기를 들을 수 있었다. 이야기는 한결같았다. "88올림픽을 보고 충격 받았으며, 그 결과가 1989년 베를린 장벽 붕괴와 동구권 붕괴였다"는 것이었다.

국회로 진출한 쓸모 있는 바보들

올림픽 시절만 되면 88올림픽 당시에 내가 얼마나 '쓸모 있는 바보'였었는지를 떠올린다. '분단 올림픽'을 반대한 자들이나, '평화와 진보(여기서 진보는 사회주의) 올림픽'을 주장하면서 소련팀을 응원한 자들이나, 모두 '바보'였다. 그런데 당시 '분단 올림픽 저지'를 외친 전대협 간부들이 이번 국회에 대거 입성했다. 과연 이들은 지금 88올림픽을 어떻게 평가하고 있을까? 자신들이 주도한 '분단 올림픽 저지투쟁'을 민주화 투쟁의 일환이었다고 생각할까? 하기야 '분단 올림픽 저지투쟁'으로 구속됐던 사람들은 모두 '민주화 투사'로 분류돼 정부로부터 보상금까지 받은 상황이니…

88올림픽으로 소련과 동구권은 붕괴됐다. 북한은 88올림픽으로 약화된 위상을 만회하고자 이듬해인 1989년 평양 세계청년학생축전을 개최했다. '통일의 꽃'(?) 임수경 의원이 전대협 대표로 이 대회에 파견됐다. 그리고 바로 이벤트 덕분에 국회의원 배지를 달 수 있었다.

이미 결과가 다 드러났지만 평양 세계청년학생축전은 북한의 얼마 되지 않는 외화를 소진시키는 사건이었을 뿐 대외적 위상을 변화시키는 데 거의 아무런 영향을 주지 못했다.(이를 보고 감동을 느꼈다는 일부 남한의 주사파를 제외한다면…)

오래 전에 사 두었다가 앞부분만 읽고 서재에 꽂아 놓았던 모나 채런의 〈쓸모 있는 바보들〉을 다시 꺼내 읽어 보았다. '쓸모 있는 바보'란 소련의 사회주의 선전에 놀아나는 서구 좌익 혹은 리버럴 지식인들을 일컬은 레닌의 표현이다.

자신들은 '혁명가'라고 착각할지 모르지만, 소련이나 북한 입장에서는 결국 '바보'였다. 하기야 이러한 필자의 '바보짓'이 의도와는 정반대로 소련 해체에 기여했는지도 모르겠지만… 정말 역사의 아이러니가 아닐 수 없었다. 문제는 아직 해체되지 않은 북한의 '쓸모 있는 바보'들이 학원가를 넘어 국회까지 버젓이 들어가고 있다는 점이다.

425호 2012.7.16~7.29

가난한 자 위한 정치 아닌, 가난을 없애는 정치 돼야

토머스 소웰의 **〈경제적 사실들과 오류들(Economic Facts and Fallacies)〉**을 읽고

A(49세)는 불면증에 시달리고 있다. 열대야 때문이 아니다. 주범은 날로 떨어지는 아파트 값. A씨는 명문대를 졸업하고, 당시 선망의 대상이었던 D그룹에 입사했다. 그러나 87년 IMF 사태로 인해 직장에서 나와야만 했다. 이듬해 A는 무역업무 경험을 살려 개인 사업을 하기로 결심하고 종자돈을 마련하고자 32평짜리 반포 아파트를 팔았다. 판매가격은 3억6천만원.

시작한 개인 사업은 쉽지 않았다. 큰 바이어들은 대부분 A를 외면했다. 그나마 건질 수 있었던 바이어들은 조그만 영세업자들뿐이었다. 찬밥 더운밥 가릴 때가 아니었다. 가방 하나 달랑 들고 중앙아시아 오지를 누볐다. 에어컨 펑펑 나오던 사무실에 앉아서 바이어를 기다리던 때가 그립기도 했다.

팔면 오르고 사면 떨어지는 아파트 값?

이를 악물고 노력한 결과 나름대로 자리를 잡을 수 있었다. 직원도 몇 명 고용하게 됐으며 자동차도 고급 중형차로 바꿨다. 그런데 아파트를 되사려고 하니 살 수가 없는 것이었다. 자신이 살던 아파트 가격은 2007년 현재 이미 10억에 육박하고 있었던 것. 약 9년 동안 뼈 빠지게 일했는데… 그동안 번 돈으로 자신이 판 아파트를 다시 살 수 없게 된 것이다. 결과만 놓고 보면 차라리 사업을 하지 않고 그냥 아파트를 가지고 있었던 편이 더 이익이었다.

이에 A는 무리해서라도 강남 아파트를 구입해야겠다고 결심했다. 특히 A는 2007년 다가오는 대선에서 MB 당선이 확실시되고 있는 사실에 주목했다. "서민 경제를 외치는 노무현 정권에서도 강남 아파트 값이 폭등했는데, MB가 집권하면 강남 아파트 값은 무적일거야"라는 것이 A의 정치적(?) 판단이었다. 이에 50평형 아파트를 15억에 구입했다. 5억은 자신의 돈이었으나 나머지 10억은 대출받은 돈이었다.

2012년 A의 아파트 가격은 10억대로 내려앉았다. A의 연소득은 1억이 넘는다. 그러나 600만원이 넘는 이자를 내고 나면 남는 돈이 거의 없다. 고등학교 다니는 첫째 아이와 초등학교 다니는 늦둥이의 학원비를 마련하기 위해 마이너스 통장과 여러 개의 카드를 통해 돌려막기에 급급한 형편이다. 그렇다고 지금 아파트를 팔자니 너무 억울하다는 것이 A의 하소연(?). 10억에 팔리더라도 빚 갚고 나면 무일푼이 될 뿐만 아니라, 혹시 차기 정권에서 다시 아파트 값이 오르면 약 올라서 어떻게 사느냐는 것이다. 아무튼 요즘 A는 MB정권 욕을 입에 달고 다닌다. 그리고 친구들을 만나기만 하면 "서민을 위한 정치가 이뤄져야 한다"고 입에 거품을 물곤 한다.

A는 비교적 친한 친구이다. 그러나 A가 자신을 '서민'이라고 부르면서, 이른바 '가진 자'를 욕할 때마다 거부감이 든다. 강남 50평 아파트에 살고 연소득이 1억이 넘는 사람이 '서민'이라면 나는 도대체 뭘까? '프롤레타리아'도 못되는 '프로박테리아'(?) 쯤 되는 것일까? 물론 각자 나름대로의 어려움이 있을 것이다. 그러나 이 모든 불만을 어느 정권이 해소시켜 줄 수 있을까?

30대 중반의 회사원 B는 A와는 정반대의 입장에서 '세상'과 'MB정권'을 저주한다. 월세 아파트에 사는 B는 "강남 아파트 값은 모조리 절반 이하 가격으로 떨어져야 한다"고 주장한다. B는 "나 같은 월급쟁이는 평생 월급을 모아도 강남 아파트를 살 수 없다"면서 "강남에 사는 X들은 전부 도둑놈들"이라고 눈에 핏발을 세우는 것이었다. "평범한 미국 샐러리맨이 평생 월급을 모으면 맨해튼 고급 아파트를 살 수 있나? 아니 어느 나라에서 평범한 월급쟁이가 최고 부자 동네에서 살 수 있나"라고 물으니 B는 무슨 끔찍한 벌레를 본 듯한 표정을 지으며 자리를 떴다.

문제는 해결방법인데 그 해결방법이라는 것이 신통해 보이질 않는다. 비판은 손쉽다. 오르면 오른다고, 내리면 내린다고 비판하면 되기 때문이다. 그러나 막상 비판자에게 해법이 있느냐 하면 그것은 아닌 것처럼 보인다. 국민 모두가 강남 아파트에 살겠다고 하는 한, 제갈량이 아니라 그 할아버지가 나오더라도 대책이 있을 리 만무하기 때문이다.

'도깨비 방망이는 없다'

최근 재미 있게 읽은 책은 토머스 소웰의 〈경제적 사실들과 오류들〉이다. 정치를 "금 나와라 뚝딱"하면 금이 나오는 '도깨비 방망이' 쯤으로 알고 있는 사람들에게 권하고 싶은 책이다. 번역서도 나왔는데 번역서의 제목은 〈경제학의 검은 베일〉이다.

저자는 "경제에 대한 잘못된 믿음이 큰 재앙을 부른다"며 문제가 복잡할수록 '원칙'으로 돌아갈 것을 요구하고 있다. 저자는 현대 경제가 '제로섬 게임'이 아니라는 사실을 강조한다. 현재도 '가진 자'(haves)와 '못 가진 자'(have nots)로 구별해 선동하는 자들이 있는데 이러한 대립구도는 잘못된 것이며 현재 존재하는 사람들은 '가진 자'(haves)와 '많이 가진 자'(have lots)라는 것이다.

흔히 중산층이 붕괴하고 빈부의 격차가 늘어났다고 주장하는 사람들이 많은데 현재 상황을 정확히 살펴보면 "과거에 '소수의 가진 자들'이 향유하던 것들을 다수가 향유하게 됐다"는 사실을 확인할 수 있다는 것이다. 즉 '가난'(poverty)의 문제와 '불평등'(inequality)의 문제를 혼동하는 경우가 많은데 이는 다른 범주이며 불평등이 늘었다는 것이 반드시 가난이 늘었다는 것을 의미하는 것은 아니라는 것이다.

사실 중요한 것은 '가난한 자를 위한 정치'가 아니라 '가난 한 자를 없애는 정치'이다. '가난한 자를 위한 정치'를 하는 자는 당선되기 위해서라도 '가난한 자'가 항상 다수여야 하는 것이다. 그렇기 때문에 '가난한 자를 위한 정치'를 주장하는 자들은 자신의 지역구에 고급 아파트 단지가 들어서는 것을 싫어한다. 반면 '부자를 위한 정치'를 하는 자는 당선되기 위해서라도 '부자가 다수가 되는 사회'를 만들어야 하는 역설(?)이 존재하는 것이다.

'한반도 관점'에서 '북한혁명'을 꿈꾸자

빅터 차의 〈**불가능한 국가**(The Impossible State)〉를 읽고

대학교 4학년이었던 1986년 3월. 필자는 압구정동의 어느 카페에서 타임지와 프랑스어 사전, 그리고 빨간색 모나미 볼펜을 테이블 위에 올려놓고 초조하게 사람을 기다리고 있었다.

약속시간이 10분쯤 지났을까? 한 젊은 남자가 들어와 이리저리 살피더니 다가와 말을 걸었다. "이강수 씨(당시 사용하던 필자의 운동권 가명), 맞죠?"

낯익은 얼굴이었다. 시위현장에서 여러 번 마주친 적이 있었던 것으로 기억됐다. 그러나 정식으로 인사를 나눈 적이 없었기에 본명 같은 것은 알지 못했다. 이 남자는 낮은 목소리로 속삭이듯 이야기했다.

"동지의 투쟁성은 높게 평가되고 있습니다. 그러나 '주사의 세례'를 받지 못한 것으로 알고 있습니다. 따라서 재교육 대상으로 분류됐

으며 당분간 저와 1대1 학습이 진행될 것입니다."

'주체사상의 세례'를 받지 못한 마르크스-레닌주의자

처음에는 '주사의 세례'라는 말을 이해하지 못했다. 그러나 그 말이 무엇을 의미하는지를 깨닫는 데는 그리 오래 걸리지 않았다. 주사는 주체사상의 줄인 말이었으며, 세례란 종교의식 용어였던 것이다. 즉 "주사의 세례를 받지 못했다"는 것은 주체사상 신봉자가 아니라는 뜻이었다.

필자는 4벌식 타자기로 조잡하게 타이핑된 복사물을 건네받았다. 이날 받은 문건은 '주체사상에 대하여', '주체사상에 대하여 해설', '항일무장투쟁사' 등 3건이었다. 주체사상 세례를 위한 교리문답 기본 교재를 받은 것이었다.

그리고 그는 필자에게 청계천 상가에서 단파 라디오를 구입할 것을 지시하고, 라디오 청취 주파수와 청취 시간을 알려 주었다. 그리고 다음 약속시간과 장소, 제2선 및 제3선 약속을 정했다. 마지막으로 접선 요령을 재확인한 뒤 헤어졌다.

이렇게 해서 그해 5월시위에서 온 몸에 최루탄 파편 100여개가 박혀 왼쪽 눈 시력을 잃는 등의 큰 부상을 입고 입원할 때까지 약 2개월 동안 이 '지도원 동지'와의 주체사상 학습이 진행됐다.

내용은 매우 평이하게 느껴졌으며 별다른 지적 자극을 받지 못했다. 대학 입학 이후 그때까지 '지하대학'에서 학습한 마르크스-레닌주의 사상과 이론에 비해 조잡하다는 느낌마저 들었다.

특히 당시 정통(?) 마르크스-레닌주의자로 자처하고 있었던 필자로서는 "마르크스-레닌주의의 시대적 한계를 뛰어넘는 주체사상" 운운하는 것을 이해하기 힘들었다. 뛰어 넘기는 커녕, 조잡한 변형에 불과하다는 느낌을 지울 수가 없었기 때문이었다. 그렇기에 주체사상을 받아들이기 힘들었다. 그리고 다행히도 5월 부상당해 입원하는 덕분(?)에 '지도원 동지'와의 선이 끊어졌으며 필자도 '의식적으로' 선을 복귀하려 애쓰지 않았다.

그리고 몸이 어느 정도 회복돼 그 해 9월 학교에 갔더니 84학번 후배 한 명이 찾아왔다. 사회대 학생회장이 되라는 것이었다.(선거란 요식행위를 거치긴 했지만 사실상 지하 운동권 지도부가 임명하던 것이 당시 학생회 조직이었다.) "아직 몸이 다 추슬러지지도 않았을 뿐만 아니라 아직 '주사세례'를 받지 못했기 때문에 일선에 투입되기 이르다"며 거절했다.

이 후배는 이렇게 내뱉었다. "이것은 제안이 아니라 지시입니다. 현재 83학번은 물론 84학번도 거의 전멸했기 때문에 그런 한가한 소리할 여유가 없습니다."

당시 각종 공안사건으로 학생운동 조직이 거의 괴멸되고 있었던 상황이었던 것이다. 그러나 마음이 떠난 필자는 이 지시(?)를 거부했다. 현재 변호사로 일하고 있는 이 후배의 마지막 말이 지금도 귀에 선하다.

"선배! 통일의 광장에서 만납시다! 선배 같은 종파분자는 아오지 감도 아니라는 점을 반드시 기억하시기 바랍니다."

주사파 '지도원 동지'에게서 배운 것

이렇게 주사파와의 짧은 인연은 끝났다. 그러나 이것으로 좌익 운동권 생활을 정리한 것은 아니었다. 당시 정통 마르크스-레닌주의자임을 자부하고 있던 필자는 이른바 'PD계열'에 합류해서 좌익운동권 생활을 계속 이어 나갔다.

짧은 인연이었고 결국 헤어지기는 했지만 주사파 '지도원 동지'로부터 그때까지 미처 생각조차 하지 않았던 문제에 대해 심각하게 고민할 수 있는 기회를 제공받았다. 첫째는 이른바 '전국적 관점'이었다.

지금 생각해 보면 참 이상한 일인데 그때까지만 하더라도 이른바 '혁명'을 꿈꾸고 이를 실행하기 위해 조직활동을 하면서도 '북한'이란 존재를 거의 의식하지 않고 있었던 것이었다. 이른바 혁명 전략 전술을 논하면서도 '북한'은 존재하지 않는 것처럼 취급하고 있었던 것이다.

그런데 '지도원 동지'는 이러한 필자의 사고가 '반국적(半國的) 관점'에 불과한 것이며, 남한혁명은 북한민주기지 역량과 남한 혁명역량, 그리고 국제적 지원역량이 결합할 때, 이뤄질 수 있는 것이며, 원하든 원하지 않든 북한은 남한혁명의 종속변수가 아니라 상수(常數)라는 점을 강조했다.

즉 남한만의 관점에서 혁명을 바라보는 것이 아니라 한반도 전체의 관점에서 바라보아야 한다는 점이었다. '주체사상' 자체는 별로 흥미로운 것이 아니었으나 이러한 '지도원 동지'의 문제 제기는 '너무나 현실적인 것'이기에 충격적이었을 뿐만 아니라 무시할 수 없는 것이었다.

남로당 '종파분자'의 운명

두 번째 문제는 이른바 '혁명 주체'에 관한 것이었다. 당시 좌익 급진학생운동권은 레닌주의를 기반으로 이른바 '전위조직'을 구축하려고 애쓰고 있었다. 그러나 '지도원 동지'는 그러한 '전위조직 놀음'은 불필요할 뿐만 아니라 해로운 것이라고 지적했다. '혁명 주체'는 '조선노동당'이며 또 남한혁명을 직접 이끌어나갈 '전위조직'도 '한국민족민주전선'이란 형태로 이미 존재한다는 것이었다.

따라서 학생중심의 '전위조직'을 구축하려는 시도는 '소아병적 오류'이며 우리의 조직적 임무는 다양한 '대중조직' 건설이라는 것이었다. 심지어 학생운동을 마치면 이른바 '현장이전'을 통해 노동운동을 해야 한다는 당시 운동권의 기본 공식에도 문제를 제기했다.

당면 혁명의 과제가 사회주의 혁명이 아니라 '민족해방 민중주의 혁명'인 만큼 다양한 계층으로의 침투가 중요하며 따라서 어설프게 노동운동을 하느니 가능하다면 교육계, 법조계, 언론계, 학계 등으로 진출하는 편이 낫다는 것이었다.

가장 충격적인 문제 제기는 이른바 '혁명무력'에 관한 것이었다. 남한혁명 과정에는 여러 경로가 있는데 이른바 '혁명무력' 문제를 배제하고서는 혁명을 논할 수 없다는 것이었다.

'혁명의 결정적 시기'에 '혁명무력'이 필요한데 이러한 '혁명무력'은 이미 준비돼 있으며(북한 인민군), 따라서 이러한 '혁명무력'이 '이동'(!)할 수 있는 정치사회적 조건을 만드는 것이 남한혁명가의 기본임무가 될 것이라는 것이었다.

그리고 필자의 '종파성'(친PD성향)을 은근히 꼬집으면서 '관념'이 아닌 '실제 혁명'에서는 '혁명무력'을 확보한 측이 혁명을 영도하게 된다는 점을 강조하는 것이었다.

한반도 혁명무력의 주체는 이미 준비돼 있다!

다시 말해 북한이란 엄연한 실체가 존재하는 남한혁명 과정에서 PD계열은 혁명의 주체가 될 수 없다는 것이었다. 이러한 사실은 박헌영의 남로당을 '종파분자'들이었다고 평가하면서 그들의 운명을 따르지 말라고 은근히 협박하는 것도 잊지 않았다.

이러한 '지도원 동지'의 충실한(?) 지도 덕분에 그 이후 북한과 조선노동당, 그리고 북한 인민군의 존재를 한국정치의 상수로 간주하고 분석하게 됐다. 아니 그래야만 한다는 것을 절실히 깨닫게 됐다. 그런데 최근 한국정치 흐름을 살펴보면 북한을 한국정치와 무관한 존재, 더 나아가 존재하지 않는 것처럼 취급하는 경향이 매우 강하다. 눈을 감고 보지 않는다고 해서 존재하지 않는 것이 아닌데…

이런 와중에서 읽은 빅터 차의 〈불가능한 국가〉는 많은 시사점을 던져 주었다. 우선 이 책은 재미 있고 정보가 풍부하다.(물론 '옥의 티'가 없는 것은 아니다. 김일성이 만주에서 사단 규모의 부대를 이끌었다고 서술하고 있는데 이는 동북항일연군의 부대 단위였던 사(師)를 사단 규모로 오해한 결과하고 생각한다. 그런데 당시 사의 병력은 200명 수준이었던 것으로 알려지고 있다.)

무엇보다도 빅터 차는 이 책을 통해 곧 선출될 차기 대통령은 북한의 붕괴를 경험하게 될 가능성이 높다며 따라서 이에 적극 대비해야 한다고 주장하고 있다. 빅터 차가 언급한 차기 대통령은 금년 11월에 선출될 미국 대통령이다. 그러나 이는 12월에 선출될 한국 대통령에게도 마찬가지로 적용된다.

빅터 차는 북한의 붕괴가 임박한 증거로서 다음과 같은 사실들을 제시한다. 첫째, 김정일과 달리 김정은은 준비되지 않는 지도자이다. 과거 많은 왕조사에서 엿볼 수 있듯이 준비되지 않은 '어린 왕'의 정권은 순탄하지 못한 경우가 많다.

현재 일단 김정은을 앞에 내세우고 단결된 듯한 모습을 보여주고 있으나 내부 균열이 일어날 공산이 매우 크다는 것이다. 특히 사실상 섭정체제를 이끌고 있는 고모 김경희도 건강이 좋지 못하다는 사실에 주목하고 있다. 김경희마저 쓰러진다면 김정은 체제의 앞날은 매우 험난한 것이 될 것이다.

둘째, 북한은 절대로 핵을 포기하지 않을 것이라는 것이다. 일부 논자들은 미국의 압박 내지는 고립화 정책 때문에 북한이 핵을 개발한 것처럼 이야기하나, 이는 사실과 맞지 않다는 것이다. 북한은 미국 협상용으로 핵을 개발한 것이 아니라 핵보유국으로 '대접'받고

자 핵을 개발했다는 것이다.

북한은 인도와 파키스탄의 예처럼 미국이 핵보유국으로 인정(혹은 묵인)받으려 하고 있으나 미국은 이를 절대로 용납하지 않을 것이라고 빅터 차는 서술하고 있다. 지난 25년간 북핵 협상을 통해 미국은 기존 방식으로 북한의 탈핵화(denuclearization)시키는 것이 불가능하다는 것을 인식하기 시작했으며, 따라서 '진정한 탈핵화 과정'(real denuclearization process)이 시작될 것이라는 것이다.

차기 대통령은 통일 대통령?

셋째, 가장 중요한 것으로서 북한이 생존하는 방법은 시장개혁을 하는 것인데 김정은은 이러한 개혁을 할 수 없다는 것이다. 김정은이 가진 유일한 정치적 자산은 김정일의 후계자라는 점이기에 개혁을 위해 필요한 김정일에 대한 비판(부분적으로도)이 불가능하다는 것이다.

따라서 김정은 체제는 이른바 '네오 주체 부활'(Neo-Juche Revivalism)로 흐를 공산이 크다는 것이다. 일시적으로 '개혁 쇼'를 벌인다 해도 이는 곧 한계에 부딪칠 수밖에 없으며 체제 생존을 위해 불가결한 '근본적 개혁'은 불가능하다는 것이다.

사실 북한이 언제 붕괴될지를 정확히 분석하는 것은 '과학'의 영역이 아니라 '예지'의 영역이다. 그러나 분명한 것이 한 가지 있다. 남한만의 정치는 더 이상 존재할 수 없다는 점이다. 북한문제는 이제 더 이상 변수가 아니다. 바로 한국정치의 상수이다.

그런데 이러한 사실을 애써 보지 않으려는 사람들이 의외로 많다. 심지어 대통령이 되겠다는 사람들조차도 대다수 그러하다. 이제야말로 진짜 '전국적 관점'에서 '북한혁명'을 꿈꿔야 한다고 말한다면 지금 어디 살고 있는지 모르는 '지도원 동지'는 뭐라고 할까?

루즈벨트의
'부자 때리기'는 실패했다

버튼 폴섬의 〈**'뉴딜'이냐 '로딜'이냐?(New Deal or Raw Deal?)**〉를 읽고

2002년 봄 서울역 앞 계단에 앉아서 지나가는 행인들을 쳐다보고 있으려니, 말 그대로 선남선녀들이었다. 특히 20대 젊은이들을 보면서 인종 개량이 이뤄졌다는 느낌마저 들었다. 한결같이 키가 크고 미남 미녀들이었다. 더욱 놀라운 일은 서울역 앞의 노숙자들이었다. 영양상태가 그리 나빠 보이지 않았다. 적어도 필자가 생각하는 노숙자의 이미지와는 거리가 멀었다.

1991년 서울을 떠나 2002년 귀국할 때까지 러시아를 생활기반으로 삼아 체첸, 아프가니스탄, 다게스탄 등과 같은 내전지역을 돌아다닌 필자에게 대한민국의 노숙자는 너무나 깨끗하고 부유하게(?) 느껴졌다. 쳐다보기 힘들 정도로 깡마르고, 이(lice)와 벼룩이 득실거리는 중앙아시아의 노숙자들과 달리, 비교적 건강하고 청결하게 보

였던 것이다. 아니 이들이 굶어 죽지 않는다는 사실 자체가 필자에겐 놀라움으로 다가왔다.(이러한 필자의 표현에 분노하거나 의아하게 생각하시는 분들도 계실지 모르겠는데, 노숙자가 굶어 죽지 않는 사회가 그리 많지 않다는 사실을 지적하고 싶다!)

10여년 만의 귀국, 대한민국에서 '천국'을 보다

지옥(?)을 경험해 본 필자에게 10여년 만에 돌아온 대한민국의 모습은 천국처럼 느껴졌다. 70억 세계 인구 가운데, '생명, 자유, 행복 추구권'이 보장되는 사회에 사는 사람이 몇 퍼센트나 될까? 우리는 아프리카나 중동지역에서의 처절한 삶의 모습을 보면서 그들이 비정상적으로 살고 있다고 생각하는 경우가 많다.

그러나 인구 비율로 따질 때, 기본 인권과 경제적 안정을 누리면서 살고 있는 사람들이 훨씬 소수이다. 보다 정확히 말하자면 그들이 비정상적으로 살고 있는 것이 아니라 자유와 풍요를 누리고 살고 있는 대한민국을 포함한 일부 선진국가들의 국민들이 비정상적(?)으로 풍요한 삶을 누리고 있는 것이다.

최근 전기 부족으로 정전사태를 우려하는 소리가 나오고 있다. 이와 관련 생각나는 이야기가 있다. 2002년 한 보수 일간지는 "아프가니스탄에서의 미국 정책은 실패로 돌아가고 있다"면서, 그 증거의 하나로 "아프가니스탄 전역에서 전기가 들어오는 도시는 4군데밖에 없다"고 보도한 것이었다.

4군데 밖에? 2001년 필자가 아프가니스탄을 취재하던 당시 아프가니스탄에서 전기가 들어오는 도시는 카불과 칸다하르 2곳뿐이었다. 그나마 하루에 몇 시간만 제공되고 있어, 직접 가져온 소형 자가 발전기를 이용해야만 했다. 그러나 항상 전기가 있는 곳에서 생활해 온 한국 기자에게 전기가 없는 곳이 있다는 것은 이해할 수 없는 일이었던 것이다.

2001년 11월 힌두쿠시 산맥을 넘어 카불로 들어갈 때 갑자기 독일 방송기자가 외쳤다. “전기다!” 우리 일행은 멀리 보이는 불빛을 보고 황홀해 했다. 전기불이 들어온 도시를 본 지가 얼마나 됐던가? 옆에 있던 체코 여기자가 눈을 반짝이며 말했다. “수도도 있을까?” 이 여기자의 기대는 허망한 것으로 드러났다.

그러나 이 여기자는 러시아 비상사태부 기지 덕분에 샤워하는 특혜를 누릴 수 있었다. 러시아 기지를 방문하자, 기지 사령관이 필요한 것이 있으면 말하라고 했다. 이때 여기자들이 일제히 “샤워”라고 외쳤으며, 이들의 소원은 이뤄졌다. 다 큰 처녀들이 주변도 아랑곳하지 않고 옷을 벗어 던지고, 샤워장으로 달려가는 모습은 가관이었다.

카불에서 생활하자니, 현지 화폐도 필요했다. 현지 안내원은 무장 경호원과 함께 카불 시내로 환전하러 나갔다. 그리고 돈을 자루에 담아 돌아왔다. 돈을 세기도 힘들었다. 그냥 100장을 세어서 묶은 다음, 그 묶음 높이가 되는 양의 돈을 100장으로 간주해 묶은 것이었다.(어릴 때 딱지치기 추억이 되살아났다. 오차는 2-3장 정도였고, 그 차이는 문제가 되지 않았다.)

이때 흥미로운 것은 당시 아프가니스탄 화폐가 여러 종류 있었던 사실이다. 공식(?) 화폐 '아프가니'는 이른바 '도스툼 아프가니'와 1대 10으로 교환되고 있었다. 이 두 화폐는 얼핏 보면 구별이 되지 않는다. 똑 같은 인쇄기로 찍은 것이다. 그러나 종이 질이 다르다. 이 같은 사태가 발생한 것은 아프가니스탄 군벌 라시드 도스툼이 아프가니스탄 중앙은행에서 화폐 제조기를 탈취, 화폐를 대량 제작했기 때문이다. 그러나 같은 질의 종이를 확보하지 못했던 것.

대공황의 진짜 원인은?

최근 대한민국 경제위기설이 대두되고 있다. 남부유럽 경제위기가 남의 일이 아니며, 잘해도 '일본형 장기불황'에 빠질 가능성이 높다는 분석이 나오고 있다. 이런 와중에 읽는 〈뉴딜이냐 로딜이냐〉는 필자의 경제상식(?)에 커다란 충격을 던져 주었다.

로딜(Raw Deal)이란 '부당한 대우'를 뜻하는 말로서, 프랭클린 루즈벨트 대통령의 '뉴딜정책'을 비꼬기 위해 비슷한 발음의 단어를 대비시킨 것이다. "자유방임 자본주의의 자체 모순으로 대공황이 발생했으며, 이는 '뉴딜정책'에 의해 극복됐다"고 고등학교 교과서에서 배웠다.

그러나 저자는 정반대로 이야기하고 있다. 대공황은 첫째, 제1차 세계대전의 여파, 둘째 '스무트-할리관세법'(smoot-hawley tariff act)에 의

한 보호무역주의, 그리고 셋째, 연방준비제도(the Federal Reserve)의 고이자(high interest) 정책 때문이라고 설명한다. 그리고 '뉴딜'에 의해 대공황이 극복된 것이 아니라, 지연 악화됐으며, 대공황은 제2차 세계대전 이후에나 극복됐다는 것이다. 특히 루즈벨트의 '부자 때리기'가 대중 인기 영합을 통한 정치적 자산 늘리기에는 성공적이었는지는 모르지만 경제적으로는 대실패였으며 미국의 경제회복은 루즈벨트가 죽은 뒤 '부자들의 투자심리'가 회복되면서 이뤄졌다는 것이다.

즉 대공황은 자본주의 모순 덕분이 아니라 정치의 무능한 경제개입과 대중인기주의 때문에 발생하고 또 심화됐다는 것이다. 이 책을 읽으면서 가장 큰 의문은 '그럼 한국은?'이었다.

말래카 해협 制海權은 우리 문제다

로버트 카플란의 〈**몬순(Monsoon)**〉을 읽고

2002년 11월 온 나라가 대선 분위기에 휩싸여 있었을 때로 기억한다. 지하철을 타고 가는데 신촌역에서 일단의 학생들이 객차 안으로 들어오는 것이었다. 자신들을 연세대 학생들이라고 밝힌 이들은 유인물을 나눠주고 반미구호를 외쳤다.

그해 6월에 발생한 이른바 '효순이 미선이 사건'을 주제로 반미선동투쟁을 전개하고 있는 것이었다. 두꺼운 안경을 쓴 한 학생이 필자에게 유인물을 건네주었다. "학생, 몇 학년이야?"라고 묻자, "1학년입니다"라고 대답했다. "수고가 많군. 미국놈들 정말 나쁜 놈들이지?"라고 다시 말을 건네자 의아한 표정을 지으며 "그렇습니다. 순결한 이 땅에서 하루빨리 미국놈들을 몰아내야 합니다"라고 상기된 목소리로 대답하는 것이었다.

"그런데 어떻게 미국놈들을 몰아내지?"라고 다시 묻자, "아저씨 같은 민주시민들이 단결하고, 더 나아가 찢어져 있는 남북이 단결하여 힘을 합치면 가능합니다"라고 초등학생 1학년이 국어책을 읽은 것 같은 어조로 또박또박하게 대답하는 것이었다.

지하철에서 생긴 일

이 소리를 듣자 등골이 오싹해짐을 느꼈다. 그러나 감정을 가라앉히고 다정한(?) 목소리로 다시 물었다. "그런데 북한은 왜 그리 못살지?" 이 질문에 이 학생은 당황한 표정을 지었다. 그리고 옆에 있는 다른 학생을 쳐다보았다. 옆에 있던 다른 학생이 대답했다. "미국놈들이 봉쇄했기 때문입니다."

이 말에 다시 질문을 던졌다. "그런데 미국놈들이 우리도 봉쇄하면 어떻게 하지? 북한학생들처럼 살 자신 있나?" 이 말에 두 학생들은 서로의 눈을 쳐다보며 잠시 말을 하지 못했다. 그러더니 필자를 쳐다보며, "아니, 이 아저씨 민주시민인 줄 알았는데, 악질 수구꼴통이잖아!"라며 온갖 입에 담기 어려운 욕설을 퍼붓는 것이었다. 다른 학생들도 합세하기 시작했다. 그리고 멱살을 잡혔다.

사태가 험악하게 돌아감을 깨달은 필자는 마침 객차 문이 열린 틈을 이용, 학생들을 밀치고 객차 밖으로 뛰어나갔다. 뒤에서 "저 새끼 잡아"라는 소리가 들렸다. 이에 뒤도 안돌아보고 지하철 밖으로 도망쳤다.

이날의 기억은 지금 생각해도 찜찜하다. 대한민국 수도 한복판에서 대학생들, 그것도 이른바 명문대생들의 집단 린치를 피해 줄행랑을 놓아야 했다니… 이때 이미 쌀쌀해진 늦가을 하늘을 쳐다보니 순진해 보이는 학생들의 얼굴이 떠올랐다. 그리고 그 얼굴들 위로 아프가니스탄 쿤드즈 지역 임시 포로수용소에서 2001년 11월에 만난 탈레반 소년병들의 얼굴이 겹쳐 보이기 시작했다.

만 15세나 됐을까? 오랫동안 씻지 못해 얼룩진 얼굴이었으나 자세히 들여다보니 솜털이 뽀송뽀송한 어린 아이들이었다. 이 탈레반 소년병들은 '확신범'(혹은 양심수?)들이었다. 이들은 '하자르'라는 몽골계 아프간 소수민족을 학살한 혐의를 받고 있었는데, 놀라운 사실은 모두 그 사실을 순순히 자백했다는 것이었다.

이들은 '시아파'이며 다른 인종인 '하자르'를 인간으로 취급하지 않았다. 이들에게 '하자르'는 '더러운 돼지'(이슬람교도들에게 돼지란 먹어서도 안 될 정도로 더러운 존재임)였다. 따라서 이들을 죽이는 것은 살인이 아니라 '청소'였다. 이들에게 죄의식이란 전혀 없었다. 아니 자랑스러운 일을 했으며 '알라'에게 축복받을 것이라고 확신하고 있었다.

포로수용소 밖에는 흥분한 '하자르' 민병대들이 문을 열라고 외치고 있었다. '타지크'족으로 구성된 북부동맹군 경비대가 이들을 만류하고 있었다. 심지어 몸싸움마저 벌어졌다. 이 몸싸움은 북부동맹군에 배속된 미군 특수부대 대위가 중재하면서 겨우 무마됐다. 미군 대위는 경비대에게는 가능한 빠른 시기에 탈레반 포로들을 미군이 인수해 가겠다고 약속했으며, 하자르족에게는 탈레반 포로들을 미군에게 넘기는 조건으로, 식량지원을 해 주겠다고 약속했다.

양심수(?) 탈레반 소년병들

이런 사실을 아는지, 모르는지 탈레반 소년병들은 포로수용소 마당에서 나뭇가지로 땅에 선을 그으면서 돌멩이를 가지고 놀고 있었다. '땅따먹기' 비슷한 놀이였던 것 같다. 이들은 죽음 따위는 별로 무서워하는 것 같지 않았다. 문제는 어른들이었는데… 30대 초반(탈레반에서 이 나이는 노년층에 해당된다!)의 탈레반 지휘관은 "언제 미군이 도착하느냐"고 연거푸 묻는 것이었다.

이 지휘관은 빨리 미군에게 인계돼야 한다고 20대 중간급 지휘관들에게 역설하고 있었다. 그 이유는 첫째, 미군 포로가 돼야 학살을 모면할 수 있으며 둘째, 반미투쟁의 새로운 장을 열 수 있다는 것이었다.

대한민국 국민에게 국제정치는 지적 호기심을 만족시켜주는 호사가들의 지적 유희가 아니라 생존을 위한 필수 과목이다. 특히 해외무역 의존도가 90%에 달하는 대한민국에게 국제정세는 이미 외국 이야기가 아니라 국내문제인 것이다. 특히 말래카 해협을 중심으로 한 인도양과 서태평양의 원유수송로는 대한민국, 그리고 중국과 일본의 목줄을 쥐고 있는 생명선이다. 석유 없는 세상을 상상해 보라! 대소변도 제대로 눌 수 없는 상황이 되고 말 것이다. 그런데 이러한 문제에 대해 무관심하다.

'돈'만 있으면 석유를 사 올 수 있다고 착각하고 있다.(흔히 '돈만 있으면 무엇이나 살 수 있는 세상' 을 비난하는데, 이는 '돈 없이도' 모든 것을 살 수 있는 세상이 가능하다고 생각하기 때문이다. 그러나 불행히도 그런 세상은 불가능하다. 세상은 '돈 있으면 살 수 있는 세상' 과 '돈 있어도 살 수 없는 세상' 으로 나눠져 있는 것이 실제 상황인 것이다.)

지금은 미 해군 7함대와 싱가포르 함대가 지키고 있기 때문에 '무임승차'의 이익을 취하고 있어서 문제가 없지만, 만약 다른 국가 혹은 해적(21세기에 웬 해적이냐며 놀라는 사람들도 있을지 모르는데, 아덴만 인근 해역에서의 소말리아계 해적들을 생각해 보기 바란다. 아니 사실 말래카 해협은 해적이 득실거리는 곳이다. 단 미 해군과 싱가포르 해군 덕분에 대형 유조선들의 안전 운항이 보장되고 있을 뿐이다!)들에 의해 말래카 해협이 봉쇄된다면, 대한민국은 잘해야 60일 정도 버티다가 붕괴되고 말 것이다.

아니 멀리 말래카 해협까지 가지 않아도 된다. 대한민국과 중국과의 서해에서의 배타적 경제수역이 확정되지 않았다는 사실을 모르는 국민들이 너무 많다. 현재 중국은 대한민국과의 배타적 경제수역 협정을 회피하고 있다. 대한민국 서해 앞바다까지 중국의 바다라고 생각하고 있기 때문이다.

현재 미 해군의 도움을 받고 있는 대한민국과 협상하느니, 가능한 시간을 벌었다가 나중에(중국 해군이 보다 강화된 다음에) 협상하는 편이 유리하다고 판단하고 있는 것이다. 아니 중국은 자신들이 확보해야 할 선인 이른바 '제1도련'(First Island Chain)을 일본열도, 필리핀, 호주 선으로 가정하고 있는 중이다.

이번에 읽은 〈몬순〉은 '인도양과 미국 국력의 미래'(The Indian Ocean and The Future of American Power)라는 부제가 잘 보여주듯, 인도양에서의 해군력의 역관계에 대한 이야기이다. 로버트 카플란은 잘 알려진 바와 같이 정말 뛰어난 이야기꾼이다. 방대한 국제정치 및 역사에 대한 지식, 그리고 생생한 현장답사와 체험을 바탕으로 저술된 그의 이야기들은 항상 수많은 독자들을 매료시킨다.

이번 〈몬순〉도 예외가 아니다. 이 책을 통해 카플란은 인도양, 특히 서태평양과 인도양을 연결시키는 말래카 해협을 지배하는 자가 세계를 지배할 것이라는 점을 암시한다. 카플란의 고민은 경제적 이유로 인해, 이 지역에서의 미 해군의 위상이 날로 떨어지고 있다는 점이다. 이러한 힘의 공백을 누가 메울 것인가? 중국 해군은 대양 해군을 꿈꾸며 날로 강화되고 있다. 파키스탄과 스리랑카에 중국 해군이 정박할 수 있는 항구를 개발하고 있다. 또 이에 맞서 인도가 해군력을 강화시키고 있다.

말래카 해협을 둘러싼 각축전

자유시장경제의 도입으로 고성장을 이룩하고 있는 인도는 '신커즌주의'(Neo-Curzonism)의 기치 하에 인도양을 자기 앞바다로 만들려 하고 있는 것이다. 재미 있는 사실은 이러한 인도양의 세력 역학관계에 개입할 수 있는 또 다른 해군력으로 일본 해군과 한국 해군을 거론하고 있다는 사실이다. 카플란은 중국이 계속 성장할 가능성과 중국의 성장이 한계에 부딪칠 두 가지 상황을 모두 고려해서 서술하고 있다.

이 책을 읽으면서 첫 번째 생각난 것은 자신의 생명줄을 남에게 맡겨 놓은 상태에서 그 생명줄을 쥐고 있는 자를 욕만 하고 있는 철부지를 벗어나 이제는 성인이 돼야 하는 순간이 왔다는 사실이다.

둘째, 따라서 우리는 이제 우리의 생존 전략을 세워야 한다. 우리가 추구해야 할 노선은 카플란이 언급한 '양심을 가진 현실정치'(Realpolitik with a conscience)라고 생각한다.

셋째, 바로 이러한 바탕에서 '신커즌주의'를 활용한 인도와의 동맹, 그리고 대한민국의 처가집이 돼가고 있는 베트남, 필리핀과의 새로운 동맹 체결이 필요하다고 생각한다. 아니 이러한 문제를 토론할 수 있는 사회, 정치적 분위기 조성이 더 시급한 일일지도 모르겠다.

사회개혁 아닌 가치관 회복이 필요하다

프란시스 후쿠야마의 **〈대붕괴(The Great Disruption)〉**를 읽고

몇 해 전의 일이다. 우연히 우리 아파트의 한 청소부 아주머니와 이야기를 나눈 적이 있다. 아침운동을 마치고 돌아오던 길에 만나 "잘 지내십니까"라고 상투적 인사를 건넸는데, 잠깐 시간이 있느냐면서 고민을 털어 놓는 것이었다. 이 아주머니의 고민거리는 실업자 아들이었다. 군대를 마치고 대학을 졸업한 20대 후반의 청년이었는데, 취직할 생각은 하지 않고 빈둥거린다는 것이었다.

처음에는 건성으로 들었다. 빨리 집에 들어가 샤워를 하고 싶다는 생각뿐이었다. 또 이런 고민을 들어봐야 필자가 해결해 줄 수 있는 일이 있을 리 만무하며, 따라서 마음의 부담만 되기 때문이었다. 그러나 아주머니의 태도가 너무 진지해서 그냥 외면하기는 힘들었다.(사실 고민을 이야기하는 이유는 해결 방안을 찾기 위해서라기보다는, 고민을 경청

해 주고 공감해 줄 사람 자체가 필요했기 때문인 경우가 대부분이다!) 할 수 없이 이야기를 들었는데, 다 듣고 나니 너무 화가 났다.

청소부 아주머니의 탄식

이야기인즉, 아들이 자가용을 사 달라고 조르고 있다는 것이다. 아들 왈, "친구들은 다 자동차가 있는데, 나만 없기 때문에 함께 어울릴 수 없다"는 것이었다. 아주머니는 저축한 돈이 약 2000만 원가량 있는데, 이 중 1000만 원을 인출해서 중고차 한 대를 사줄까 하고 고민하고 있다는 것이었다. "하나 밖에 없는 아들인데, 기죽고 사는 꼴을 보니 안타깝다"는 것이었다. 기가 막혔다. "절대로 사 주면 안 됩니다. 그것은 아드님을 위한 일이 아니라 망치는 일입니다"라고 거듭거듭 이야기했다.

최근 돌아가는 세태를 두고 한탄 소리가 여기저기서 나오고 있다. 특히 나이 드신 분들은 '말세'라는 표현까지 사용하고 있다. 가족은 날로 파괴되고 있으며 온갖 흉악범죄가 늘어가고 있다. 도대체 무엇이 '정상'이고, '비정상'인지 자체가 모호해진 시대가 된 것이다. 이 같은 상황을 프란시스 후쿠야마 교수는 '대붕괴'(The Great Disruption)라고 명명하면서 현재 시대의 위기는 단순한 정치·경제의 위기가 아니라 '도덕의 위기'라고 지적하고 있다.

후쿠야마 교수는 이러한 '대붕괴'가 야기된 것은 산업화 시대가 정보화 시대로 전환됐지만 이러한 사회경제적 변화에 조응하는 '도덕과 문화'를 내면화시키지 못했기 때문이라고 설명하고 있다. 후쿠야마는 우선 가족파괴, 범죄증가, 가치관 혼란과 같은 '대붕괴' 현상의 원인을 가난 혹은 빈부격차에서 찾는 좌파들의 논리를 실증적인 자료와 데이터를 토대로 하나하나 공박한다.

가난했던 시절에 범죄가 더 적었던 적이 더 많을 뿐만 아니라 빈부격차와 범죄증가와의 실증적 함수관계는 거의 존재하지 않는다는 것이다. 이는 가족붕괴의 경우도 마찬가지다. 아니 오히려 복지증대가 가족파괴와 범죄증가를 촉진시키는 경우가 더 많다는 것이다. 대표적 사례가 미국의 미혼모 보조금 지급사례인데 이 제도로 인해 미혼모가 더욱 증가되고 이러한 미혼모의 증가로 인한 결손가정 비행 청소년이 증가됐다는 실질적 경험적 연구 결과들을 소개하고 있다.

가치붕괴 현상의 이유들

그러나 후쿠야마는 대붕괴의 원인을 좌파진영의 복지정책에서만 찾는 입장에는 반대한다. 굳이 표현하자면 좌파의 복지국가 정책이 대붕괴에 기여한 것은 15% 정도라는 것이다. 또 엄격한 처벌이 범죄예방에 도움이 되며 좌파의 범죄에 대한 온정주의가 범죄 확산을 방조한 것이 분명하지만 역시 엄격한 처벌만으로 범죄 증가를 억제할 수 없다고 지적하고 있다.

왜냐하면 많은 일탈적 범죄 특히 청소년 범죄의 경우 범죄 이후 결과에 대해 생각하지 않은 '즉흥적' 혹은 '동물적' 범죄이기 때문에 처벌에 대해 거의 두려움을 가지고 있지 않다는 것이다. 즉 '선과 악'에 대한 기본 개념을 상실하고 있을 뿐만 아니라 범죄와 처벌에 대한 '합리주의적 손익계산'(?)이 결여돼 있기 때문에 법과 처벌 자체를 무서워하지 않는다는 것이다. 그렇기 때문에 본질적 문제는 '도덕과 가치관의 붕괴'이며 따라서 시대에 조응하는 '도덕과 가치관'을 재구성(reconstitution)해야만 문제를 해결할 수 있다는 것이다.

이와 같이 '도덕과 가치관'을 강조한다는 측면에서 후쿠야마는 '에드먼드 버크(Edmond Burke)의 보수주의'와 유사성을 보이기도 한다. 그러나 후쿠야마는 자신이 버크주의와 입장이 다름을 분명히 한다. 후쿠야마에 따르자면 버크주의자들은 "현 도덕의 위기가 계몽주의(Enlightenment) 이후 계속돼온 이성(reason)에 대한 지나친 확신과 이로 인한 전통과 교회의 붕괴 탓"이라고 보는데 '대붕괴'는 사회경제적 변화의 산물이며 이러한 현상은 농경사회에서 산업사회로 이전될 때도 존재했다는 것이다.

즉 '도덕의 위기'가 계몽주의 이후 계속된 것이 아니라 산업사회로 이전할 때 발생했다가 산업사회가 안정되면서 이에 조응하는 '도덕'이 재구성되고 도덕의 위기가 사라졌었다는 것이다. 그러다가 다시 산업사회가 정보화 사회로 이전되면서 현재의 대붕괴 현상이 일어나고 있다는 것이다.

도덕의 위기가 계몽주의 이후 지속돼온 것이든 사회경제적 변화로 인해 20세기 후반에 재현된 것이든 분명한 것은 현 시대가 도덕의 위기 시대라는 점이며 이러한 위기는 단순히 정치·경제만으로 해결될 수 있는 문제가 아니라는 점이다. 이러한 점에 대해서는 후쿠야마도 적극 동의하고 있다. "선과 악의 문제, 그리고 도덕의 문제는 종교의 문제"임을 분명히 하고 있다.

영국의 경우 농경사회에서 산업화 사회로 이행하면서 도덕의 위기를 맞이했는데 바로 그러한 위기 속에서 등장한 것이 존 웨슬리(John Wesley)의 신앙부흥운동(Great Awakening)이며 이 운동이 19세기 대영제국의 정신적 가치가 됐던 빅토리아 가치(Victorian Value)의 토대가 됐다는 것이다. 미국의 경우에도 마찬가지로 '신앙부흥운동'을 통해 도덕과 사회질서를 회복(혹은 재구성)했다는 것이다. 이와 같이 후쿠야마는 위기극복과 사회질서 재구성(reconstitution of social order)에서 '종교의 역할'의 중요성을 강조하고 있다.

'선과 악'에 대한 기본 가치에 대한 재구성이 이뤄지지 않는 한, 좌든 우든 공리주의(utilitarianism)적 한계에서 벗어날 수 없다. 이는 선과 악의 문제를 "최대 다수의 공익(utility)'의 증대" 문제로 대체시킬 수 없기 때문이다.

도덕의 위기를 극복하게 한 신앙부흥운동

만약 문제를 '유틸리티' 입장에서만 바라본다면, 효율이란 이름하에 그 모든 것이 정당화되든지, 아니면 가치에 대한 '주관적 상대주의' 속에서 모든 가치를 부정하는 허무주의(nihilism) 혹은 그 쌍생아인 쾌락만능주의(Hedonism)로 빠질 수밖에 없을 것이다. 바로 이 지점이 현 도덕의 위기의 본질이며, 근본 원인이다. 물론 이러한 지점이 그동안 분리돼 있었던 '정치'와 '도덕'이 다시 만나야 하는 자리이기도 하다.

물론 이러한 만남이 과거 중세로의 복귀 혹은 신정정치(神政政治)의 부활일 수는 없다. 그러나 가장 기본적이고 가장 최소한의 도덕적 가치에 대한 사회적 합의가 필요하며 이러한 최소한의 합의는 '다원주의적 원칙' 하에서 이뤄질 수 있다고 생각한다.

사회·경제적 지표를 살펴보면 현재 대한민국은 '단군 이래의 최대의 번영'을 누리고 있음이 분명하다. 그런데 이러한 객관적 사회 경제지표와 관계없이, 오늘날의 대한민국은 '가장 불만이 고조돼 있는 사회'이기도 하다. 이 모순돼 보이고, 또 뛰어넘을 수 없는 심연이 놓여 있는 것 같은 이 현상은 이른바 사회개혁으로 해결될 수 있는 성질의 것이 아니다. 사실 쉬운 일이 모든 문제를 '남의 탓'으로 돌리는 일이다.

특히 실체가 분명치 않은 '사회 탓'으로 돌리는 방법이 아무에게도 욕먹지 않으면서 개혁적인 척하기 쉬운 방식이다. 현재 도덕의 위기는 '소통'이란 이름하에 '비위 맞추기'를 통한 인기영합에 여념이 없는 '거짓 멘토'들 덕분에 증폭되고 있다. "그래 네 잘못이 아니야, 모두 사회구조 탓이야"라며, 값싼 위로를 남발하며, 이를 통해 얻은 인기를 바탕으로 자신들이 그토록 경멸하는(겉으로만?) 부와 권력을 누리는 자들이 설쳐대는 세상이 되고 있다.

이들은 '절대적 가치'를 부정하며 '문화적 상대주의'를 옹호한다. 그런데 재미 있는 것은 이들은 '절대적 가치가 없다'는 가치를 '절대적으로 신봉'하고 있으며 '문화적 상대주의'라는 이름의 또 다른 '절대주의'를 숭상하고 있다는 점이다.